Parcours vers l'abstinence

J'arrête l'alcool?

Une belle vie avec ou sans alcool

Nicolas Francon

Choisir

J'ai une addiction à l'alcool. Quand je commence à boire, je ne veux plus arrêter. Cela dure des jours, des semaines voire des mois depuis mes dix-neuf ans.

"Nico, pourquoi tu bois"?

"Pour ne pas penser ne pas ressentir".

Pourtant j'ai encore le choix: vivre à travers la boisson, donner l'illusion à mon cerveau d'être heureux dans cette vie de misère, dans une pseudo zone de confort ou bien…

Me surprendre moi-même, laisser la vie me surprendre et l'aimer avec lucidité sans faux semblants.

Ce que nous apprend la science :

"Le circuit de la récompense est fortement impliqué dans la pathologie addictive. La boucle de récompense est un <u>système dopaminergique diffus impliquée dans l'apprentissage d'éléments nécessaires à la survie</u>…Les différents psychotropes (cocaïne, héroïne) stimulent cette boucle et ainsi augmentent la quantité de dopamine dans le système lorsqu'ils sont consommés. Nous pouvons ainsi définir l'addiction comme un trouble de l'apprentissage et de la mémoire… Le patient qui consomme stimule la libération de dopamine, qui agit comme un signal d'apprentissage et qui va ainsi favoriser la consommation ultérieure."

tiré du ebook "L'imagerie mentale comme thérapie de l'addiction"Étudiant : Aminian Esfandiar - Université de Lausanne Suisse.

Soyons honnêteJe dois à certaines membres de ma famille ma survie en dehors de l'alcool, qui m'ont bien souvent aidé. Ils me récupèrent à la petite cuillère. Ils se sentent impuissantmis au pied du mur quant à mes choix de vie.Tout le monde n'a pas forcément de proches pour survivre avec ou sans l'alcool. J'aspire à l'autonomie, à une saine solitude, à me connaître et à m'apprécier. Pourtant, je fais diversion de moi-même et de la vie avec la boisson. Elle me cache de moi-même, me coupe du cœur et me rend joyeux mentalement mais triste psychologiquement. De plus, mes proches (ainsi que les inconnus) me préfèrent au naturel.

Et pour vous?

Vous pouvez faire le bilan envers vous même, personne n'a à savoir. A condition de ne pas tomber seulement dans le jugement.

Pour cela, apprenez que quoi qu'il se passe, chacun fait toujours de son mieux avec ce qu'il a. Vous aussi. Soyez indulgents envers vous-même afin que d'autres horizons puissent s'éclaircir.

La vie sera bien faite et vous allez peu à peu façonner une si belle relation à votre être que vous ne vous sentirez plus jamais seul.

Je vais être là

Pour moi et pour vous…

Je n'ai pas la prétention de vous faire sortir de l'addiction à l'alcool, mais je peux témoigner, comprendre et agir pour moi-même.

Je vais tenter de vivre sans alcool en écrivant ces lignes.La vérité, les outils, la réflexion et les galères, vous saurez tout.

J'expose mon parcours car je fais actuellement un choix :

Rester toute ma vie dans l'illusion par peur de ressentir la moindre émotion?

Ou oser ressentir les choses et être sensible à la vie?

Rien ne m'oblige

La liste des contraintes et des risques de cette addiction est longue, indéfinie. Mais à poursuivre dans cette voie-là, j'ai bien peur de me retrouver seul, de vivre dans la misère sous toutes ses formes et passer pour un con le reste de ma vie.

Quels seraient les risques à vivre et ressentir des émotions passagères? Je prends déjà des risques considérables dans mon comportement et mon attitude face à l'alcool. Je suis une espèce de mort vivant contenu par des suppositions et des peurs virtuelles de lui-même et des autres.

Il paraît que notre esprit (ou notre cerveau) ne fait pas la différence entre une vraie menace et une peur imaginaire : on réagit pareil, fuir ou se battre.

Dans mon cas, je me trouve souvent paralysé, passif ou bien en réaction, trop agressif. Des extrêmes mais rarement l'équilibre.

J'ai tellement peur de m'affirmer que j'en arrive au point d'en avoir marre de ne pas exister.

Il n'y a pas qu'une seule raison d'arrêter de boire de l'alcool, car les motivations peuvent varier d'une personne à l'autre. Cependant, une raison fondamentale et souvent cruciale est la santé.

Arrêter de boire de l'alcool peut apporter d'importants bienfaits pour la santé physique et mentale. Cela peut réduire le risque de contracter de graves maladies telles que les maladies cardiovasculaires, le cancer, les problèmes de foie. L'abstinence permet également d'améliorer les fonctions cognitives, le bien-être émotionnel et la qualité de vie globale, de renforcer les relations sociales et de favoriser une meilleure estime de soi.

Qu'est ce que je risque du coup?

Je risque de me sentir vivant, ce qui constitue à la fois un avantage et un inconvénient.

Oui, l'objectif de s'enivrer est sûrement d'être apathique, démissionnaire, peureux, insensible… du moins en apparence. Mais vous êtes un être humain et votre force réside dans l'acceptation de votre part de sensibilité.

J'ai cru quoi? Que les autres devaient me voir comme quelqu'un de sûr de lui? Si j'accepte de douter, d'être sceptique, ça peut devenir une force.

Mais dois-je rester dans le doute? Non, grâce à mon pouvoir de décision, je peux me sortir de toutes les situations. Le doute est comme un brouillard qui m'entoure, me poussant à remettre en question mes choix. Lorsque je prends une décision, c'est comme si le soleil venait dissiper ce brouillard, mais parfois quelques nuages persistent, et je dois rester attentif au changement météorologique pour naviguer avec clarté.

Qu'est ce que j'y gagne?

Après m'être opprimé toute une partie de ma vie?

Peu à peu, je gagne plus de compréhension et de pouvoir envers moi-même. Ce monde intérieur qui est devenu moche, je vais y déceler la beauté en m'apportant tout d'abord une tolérance douce, celle d'un ami très proche.

Il est vrai que si je vois un proche se perdre depuis des années dans ce psychotrope, je lui souhaiterais une vie saine sans alcool, emplie d'acceptation, d'amour et d'humour.

Alors je vais tenter, au travers de mon parcours, de redevenir un ami bienveillant envers moi-même. C'est la voie de l'amour et il paraît que c'est plus fort que la peur.

Vous et moi avons besoin d'un autre entraînement de nos pensées : au lieu de se juger, se culpabiliser, se surestimer ou à l'inverse sous-estimer, ne devrions pas nous demander : "dans cette situation, qu'est ce que je souhaiterais à un ami?". Et si on s'entraînait à se traiter, à penser comme un ami…envers nous-même?

Bien souvent, soit on se maltraite, soit on se chérit un peu trop.

Reprenez vous régulièrement pour avoir une attitude bienveillante à votre égard.

Traitez vous, pensez vous avec tolérance, compréhension et douceur. Cela ressortira aussi à l'extérieur.

Avec ou sans alcool.

Conséquence "Il ne se voit pas"

Je ne ferai pas une liste qui se rapproche de vos contraintes, de vos symptômes ou des conséquences que l'abus d'alcool entraîne pour vous en particulier.

Une chose est établie : l'alcool modifie le comportement, la façon de faire. Je dirais même qu'il modifie l'attitude, la façon d'être.

Plus que de se sentir joyeux, on cherche déjà une sorte de sérénité avec soi-même (monde intérieur) ainsi qu'avec le monde extérieur par projection.

Le prix à payer dû à une grande consommation d'alcool réside souvent en la perte de notre intégrité et des plus beaux traits de notre caractère. Cette substance, une fois dans notre sang, pervertit nos valeurs et notre personnalité. Et puisque je bois pour ne pas penser et ni ressentir... l'image que je renvoie et les actes que je commets m'importent peu.

Dites vous une bonne fois pour toutes que les autres savent que vous êtes ivre, qu'ils le voient immédiatement, qu'ils n'aiment pas vous côtoyer en état d'ivresse, même pas un peu.

C'est tout d'abord valable pour moi. Sobre, je suis un être sensible, droit et drôle, tandis que je me fiche des gens, je ressemble à un clochard et on me renvoie que je suis un connard.

Bien sûr, je n'ai pas vu ça tout seul, c'est le retour de toutes sortes de personnes le long des années qui m'oblige à le savoir. Mais moi, dans ma bulle, si personne ne m'avait fait aucun retour, j'aurais une image de moi alcoolisé "décontracté, sympa et drôle".

A mon grand désespoir et après pas mal de déni (refus de voir, croire), sous alcool j'en arrive même à être agressif verbalement et physiquement.

Et c'est bien parce que certains l'on subit et me l'affirment que je le conçois.

Quand je suis sous les effets de l'alcool, je m'imagine une image positive de moi-même. Quoi que je puisse dire ou faire de décalé. En gros décalage avec mes baskets, je tente de me faire croire que je vais bien.

Mon entourage me l'a dit et je vous le dis : vous êtes et faites bien mieux au naturel. En état d'ivresse on aura tendance à devenir un inverse maléfique de sois même. Surtout quand l'addiction, l'alcoolisme morbide et frénétique s'est installé.

La raison des autres

Voici deux modes de pensées qui induisent des sentiments différents : Se sentir coupable ou bien être responsable.

Puisque j'ai été touché tôt par l'alcoolisme, j'ai aussi commencé mes tentatives de soins en milieu médical assez jeune. J'avais 23 ans lors de ma première cure de sevrage et j'en ai fait régulièrement le long des années qui m'ont menées à mes 36 ans.

Je me suis entendu dire beaucoup de fois avec bienveillance :

-"Tu es jeune, tu as un enfant, tu as les meilleures raisons d'arrêter, fais-le pour ta fille".

Si je fais le con je répondrais "Si j'avais 60 ans et pas d'enfants je pourrais picoler comme je veux?"

La jeunesse ça passe et même si mon enfant mérite le meilleur, il reste une raison extérieure de changer un complexe qui vient de l'intérieur.

Lorsque je repensais à ce type d'encouragements lors de ré-alcoolisations, je culpabilisais de gâcher ma jeunesse et celle de mon enfant.

Donc, m'imprégner de ces paroles était inadéquat même si le message se voulait encourageant, il en résultait du jugement de moi voire des autres.

On arrête pas l'alcool, on vit sans, on vit sobre. Mais surtout, on ne devient pas sobre pour les autres, même les êtres chers. La vie heureuse sans alcool le deviendra si on se repose sur des motivations bienveillantes à notre égard, pour nous même.

"Pour être plus heureux, mieux prédisposé aux succès, nous avons intérêt à nous focaliser sur notre vision personnelle"

Issu du livre *"Choisir sa vie" de Tal Ben-Shahar*

Ensuite on pourra rayonner naturellement pour les autres inconnus, proches et amours. Je vois la sobriété motivée par le côté social comme un bon stimulant, une raison de plus mais pas, surtout pas ma raison première.

L'intégrité de l'abstinence juste pour son être, pour soi-même, c'est du solide. Ça demande de l'entraînement pour se détourner de l'alcool et se retourner avec amour vers votre être intérieur.

On cesse de se fuir, on ne se perd pas dans la relation aux autres et on va chercher ce qui nous as toujours fait défaut : une belle relation (de plus en plus) avec nous même.

La personnalité avec laquelle nous passons toute notre vie est la nôtre. Alors traitons nous en ami, le meilleur et pas en ennemi qui se juge.

Dois-je abandonner l'alcool?

Oui et non...

Si vous trouvez de bonnes raisons de tenter l'aventure de la vie sans alcool (comme ça on ne se pose pas la question de contrôle), je propose un projet alternatif.

Nous allons préparer une étape vers l'abstinence peu commune. Elle n'est pas obligatoire et même contre-indiquée pour la santé mentale et physique.

Mais quand les approches bienveillantes et logiques ne prennent pas...

Commençons par organiser un séjour d'une à plusieurs semaines sans aucune restriction avec l'alcool : je vais boire comme j'ai envie chaque jour et tenter d'avoir une vie plaisante.

Me laisser aller au côté permissif. Pour ce faire, il me faudra un endroit en sécurité, de l'argent et si possible, un(e) ami(e) qui m'assiste dans l'expérience.

Cet ami pourra, lorsque je lui demanderai (et pas comme un moralisateur), me faire part de son point de vue extérieur.

Soyons fous, on met au courant notre médecin généraliste de l'expérience.

Il n'aura rien à dire : vous tentez le tout pour le tout.

Après tout, qui a dit que l'illusion, rêver toute sa vie ne pouvait pas être plaisant?

Durant cette expérience, vous n'avez plus de responsabilités, plus de contraintes à part vous fournir à boire et à manger.

Allez-y au point de tellement trembler du manque le matin, que vous ne pourrez même plus rouler une cigarette avant d'avoir ingéré de l'alcool.

Tentez de vous déplacer en vélo, ça vous laissera des bleus de compétition.

Il faudra que ça dure jusqu'à la fin de votre courte vie ou bien jusqu'au ras le bol, le vôtre.

Méditez tout ça lors d'un bon…

Sevrage assisté ou sauvage.

Aujourd'hui, je teste de ne pas boire.

Pour faire ça en sécurité, j'avais pris rendez-vous avec mon médecin (ou un psychiatre) pour me faire prescrire des médicaments qui sécurisent le sevrage alcoolique et qui atténuent les effets de manque.

Je boirais beaucoup d'eau pour m'hydrater, j'éviterai les gros efforts et l'exposition prolongée au soleil. Toujours pour la sûreté de mon sevrage.

Je me repose, me distrait et prend bien garde à respecter les consignes de sûreté.

Le sevrage physique à l'alcool est désagréable voir très désagréable. Le corps réclame et la tête aussi. Tremblements, sueurs froides, anxiété, légères hallucinations, problèmes gastriques…Selon les personnes et les atteintes causées par l'alcool, celà durera entre 2 jours et 10 jours. En moyenne.

Ce qu'il reste ensuite c'est une dépendance psychologique "craving" et un corps qui restera demandeur de la molécule alcool "toute sa vie".

Une fois intégrés profondément les effets physique de l'alcool, nos "récepteurs alcool" dans notre cerveau seront à l'affût et excités facilement par celui-ci.

Un sevrage sauvage c'est lorsque l'on arrête des consommations quotidienne d'alcool sans médicaments ni surveillance médicale.

Je ne suis pas diagnostiqué épileptique. Pourtant lors d'un sevrage sauvage en 2018, l'été, l'arrêt brutal de mes consommations massives et journalières d'alcool m'ont déclenché une crise d'épilepsie.

J'ai dû être hospitalisé une nuit. Cette crise a choqué ma mère.

Voici les facteurs déclencheurs du court circuit dans mon cerveau :

-Manque physique et psychologique d'alcool

-Aucun palliatif médicamenteux

-Etat d'anxiété avancé par un événement familial important et la garde de ma fille

-J'étais fatigué

-Efforts physique et exposition au soleil

-N'avais pas mangé

-J'avais bu beaucoup de café

-J'étais probablement en manque de certaines vitamines qui évitent l'épilepsie.

Déconditionnement conscient

Mentalement, dès que l'ennui s'installe, l'envie de se détendre, de faire la fête ou toute sorte de changement émotionnel, le sujet dépendant est susceptible de ressentir une vive envie de boire un coup ou plusieurs. C'est un conditionnement psychologique. C'est devenu une "solution automatique" de penser à l'alcool.

Au début, il nous faudra domestiquer nos envies d'alcool une par une.

On passe en "mode manuel", quand l'envie se présente, on doit se rappeler qu'elle finira par passer comme elle est venue. On fait la "balance décisionnelle" en évaluant ce qu'il nous est possible de faire sobre et ce qu'il deviendra incompatible avec nos souhaits une fois alcoolisé. On se projette. On désamorce. On tente de passer à autre chose au travers de la lucidité.

C'est un entraînement mental qui, à force d'exercice, deviendra plus aisé au fur et à mesure. On se libère en toute conscience. Une fois cette gymnastique mentale travaillée, on cesse de tunneliser dans le sens d'une consommation inévitable.

On réapprend à se donner le choix. Les manques deviennent des envies, les envies deviennent des pensées passagères. Vous l'observez passer et vous continuez à prendre soin de vous. Elle repart, vous devenez libre.

Mes envies de boire incessantes

Le craving, l'envie physique et psychologique de boire sont récurrents mais si je regarde bien, ça fini par passer.

N'oublis pas : au début du sevrage et de l'abstinence, ces envies, ces manques seront très nombreux. Le long des jours, ils te lâcheront un peu plus la grappe. Quand ils sont là, rappelle toi de deux choses :

-ça va repartir

-je peux boire à tout moment

Oui, d'ailleurs, personnellement, j'ai gardé de la consommation d'alcool "au cas où" durant trois jours. Ça me rassure. Le troisième jour c'est cette provision qui me donnait envie de reboire, je me suis questionné et je l'ai jetée.

Si j'ai arrêté trois jours...

Je me donne la semaine libre de mon poison d'amour. Juste pour voir comment ça fait.

Mais il est temps pour moi de vous dire : durant mon expérience de consommation d'alcool sans limites, j'ai fait quelques séances d'hypnose. Je pense que celà m'aide un peu aujourd'hui.

Ah, j'ai aussi téléphoné à l'amie qui me veillait lors de l'expérience de consommation pour lui dire que je suis sobre. Elle m'encourage et me témoigne de la fierté.

Mais c'est pour trois choses que je vise l'arrêt de l'alcool à ce moment là :

-Ne pas perdre la garde de mon enfant

-Récupérer mon permis

-Vivre autre chose

Alors je vise une semaine entière sans alcool.

Je suis dans ma chambre en colocation avec ma mère. J'ai le choix d'œuvrer pour l'entretien de la maison ou bien me reposer.

Bien sûr, j'ai besoin de sommeil, de diversion grâce à des séries mais aussi, je me réfugie dans le sommeil…

Passions ou diversions?

Je bois du café et je tente de gagner de l'argent sur internet. J'ai remplacé ma frénésie alcoolique par une frénésie "café/clopes/ordinateur".

C'est moins pire mais le même type de frustration m'attend au bout.

En effet, je comprendrai plus tard que j'utilise souvent des diversions "passionnantes" pour esquiver la vraie vie et ma nature profonde.

A propos du sommeil refuge, j'adore : je lance des séries télévisées sur l'ordinateur et je ne dois plus rien à personne, je ne réfléchis plus, je suis protégé.

J'ai testé ce refuge jusqu'à l'extrême, jusqu'à l'escarre. Oui, à force d'être immobile j'avais mal partout.

De ce refuge dans le sommeil est né un nouveau mécanisme : exposition aux émotions = dodo.

Il faut en avoir le temps et l'espace. Ce mécanisme a donc ses limites. "Next".

La fuite, sous une autre forme.

Quand j'y repense, je m'aperçois que je mets une énergie considérable à me fuir et à fuir la vie.

Pourrais-je tourner un bouton mental pour utiliser cette énergie pour être acteur et réalisateur de ma vie?

Jeux d'argent en ligne

J'ai une attirance pour le milieu spéculatif. J'ai toujours cherché un moyen (facile) de gagner de l'argent sur internet. Et là aussi je me suis lancé dans une obsession passionnante : la bourse en ligne puis, les paris sportifs, les courses de chevaux et la roulette européenne.

Dès que j'avais fait le tour de mes possibilités sur l'un de ces domaines, je passais à un autre.

C'est pour ça que j'écris aujourd'hui : m'aider, aider et générer un revenu passif.

Toujours abstinent...

Ce sevrage d'un premier jour dure maintenant depuis 4 mois.

Je me suis mis à la livraison de repas à vélo pour Uber Eat.

Je suis vaillant et pourtant parfois, je m'arrête devant un supermarché lors d'un bref moment d'ennui et je me fais un scénario (à vélo) :

Picoler là, sans raison puisque rien ne m'empêche à part la reprise de mon service de livraison.

L'envie, le manque tout devient exacerbé comme au premier jour de sevrage voir pire.

Je m'accroche à une putain d'idée : ça va passer !

Il faudra deux heures cette fois pour que je passe à autre chose. C'est éprouvant, ce serait tellement plus simple (sur le coup) d'aller consommer.

Mais je me rappelle que lorsque je commence à boire, c'est parti pour trop longtemps.

Sobre, je peux travailler en freelance, j'ai récupéré mon permis et je me prépare à défendre mes droits de garde de ma fille.

Alcoolisé je n'en serais pas là. J'apprécie ça.

Mais parfois, l'abstinence, ça donne l'impression de passer son temps à réparer un robinet qui fuit, avec comme seule récompense, le fait qu'il arrête de fuir.

9 mois plus tard...

J'ai pu revoir ma fille, j'ai interrompu le boulot, j'habite toujours avec ma mère.

Cette fois, une envie de boire vire à la permission.

La balance décisionnelle "pour/contre" ne suffit pas car j'en ai marre de résister.

Je craque pour du Muscat, des bières, un parking et la perspective, je le sais bien, de boire à nouveau durant des semaines. Je serais déçu mais vite euphorique.

Je crois que je n'avais plus de raisons ou de forces pour esquiver ces envies de boire.

Le bénéfice court terme de me ré-alcooliser l'a emporté. Marre de lutter à ce moment-là.

Mon erreur n'est pas forcément de boire à nouveau mais de planifier la continuité des consommations plutôt qu'une porte de sortie.

N'ai-je pas assez souffert de cette routine? Et mes proches?

Je m'en fout, déjà avec la montée des effets, sur le coup tout devient simple dans ma tête.

M'approvisionner en alcool, clopes, bouffe et rentrer. Pareil le jour d'après.

Seule consigne cette fois : tenter de ne pas trop impacter la vie des autres. Tant que des gens tiennent à nous, ce n'est pas vraiment possible.

Appeler un ami

Je ne l'ai fait que lorsque j'avais déjà consommé. "Appelez un ami" lorsque vous risquez de craquer est un conseil donné en groupe de paroles.

Peut être que pour certains, ça marche. Moi je ne le fais pas car je suppose que l'ami va me dissuader de boire. Hors, je veux être le seul à avoir la décision entre les mains.

Dans le meilleur des mondes, cet ami au téléphone me dirait :

"L'envie va peut-être passer. Pense à ce que tu peux faire sobre et ce que tu ne peux plus faire alcoolisé. Mais si tu te permets de boire, juste avant, fais en sorte de prévoir ton futur sevrage. Fait en sorte de créer une sauvegarde de secours de ta vie pour ne pas repartir à zéro comme souvent. Sauvegarde tes efforts avant de lâcher complètement les rênes de ta vie. Et assume, oui tu rebois, tu ne peux plus conduire, fais du stop et essais de ne pas déranger tout le monde avec tes états euphoriques ou dépressifs. Je serai là quand tu voudras arrêter de nouveau. Amuse toi bien, ne perd pas le nord et n'oublis pas : cet état d'allégresse illusoire ne durera qu'un moment, après ça sera vite la lutte il faudra en sortir. Si c'est ton choix, bonne bourre. Fais pas le con. Si tu résistes, passe me voir."

Retour chez ma mère / soeur Debriefing

La routine alcoolique à reprit pour moi, je m'isole. J'ai honte et j'aimerais que ce qui prévale, ce soit mes 9 mois d'abstinence. J'ai l'impression que cette période aura plus comptée pour moi que pour mes proches.

Mes seules obligations sont celles de m'approvisionner en alcool. Lorsque ma mère me stimule pour quoi que ce soit d'autre, je rejette les idées, je trouve des excuses et sa grande tolérance me dessert indirectement.

Je lui demande trop souvent de carrément me rapporter mon alcool. Elle tente de m'en mettre de côté pour me restreindre. Ma consommation est tellement frénétique qu'elle hallucine vite des quantités que je souhaite consommer.

Je bois, je fume, je geek, je dors…

Et je ne me demande pas comment sortir de là. Je suis dans le problème jusqu'au cou et je n'ai pas l'intention de m'en sortir.

Heureusement que personne ne tente de me secouer car la réaction sera la même : la fuite et la paralysie.

La lumière au fond du trou

Même si je vais continuer à boire longtemps, j'ai une petite illumination : je suis coincé dans l'inertie. La vie me semble effrayante. Mes émotions me font peur. Vais-je rester mal dans mon canapé jusqu'à me laisser crever? Je vais essayer tiens…

Le lendemain, je me sens comme un mort vivant et je percute : si ça marche et que je suis libéré de mes souffrances dans ce canapé, qui ira consoler ceux qui m'ont retrouvé mort comme "un lâche" ?

Quitte à avoir peur de tout ce que j'imagine, de chaque situation ou rencontre que j'appréhende au naturel, pourrais-je me laisser un peu tranquille et cesser de trop réfléchir?

C'est une simple idée, une comparaison.

En réalité, ma vie serait moins risquée si je tentais activement de la vivre.

Anxiété sociale

Après un séjour à l'hôpital, je suis sevré et abstinent. Mais j'ai tellement eu recours à l'alcool ces dernières années dans le but d'être désinhibé, que j'ai le revers social de la médaille.

J'appréhende les gens et les situations. Je fais des anticipations anxieuses. Je crains certaines intéractions sociales et parfois toutes : sommeil refuge?

Il est dur pour ma nouvelle compagne de comprendre que mes peurs virtuelles (il va penser ça de moi, ça va se passer de telle manière…) me font flipper de manière réelle.

Il me faudra rencontrer une psychologue pour mettre des mots sur ce trouble, l'accepter, faire avec dans le temps.

Pour transcender ces peurs virtuelles du jugement des autres, j'ai besoin d'un savant mélange entre l'exposition aux situations qui me complexe et le choix de ne pas m'y exposer parfois à la dernière minute.

Comme pour laisser passer des envies de boire, c'est une sorte d'entraînement. Je redeviens serein socialement petit à petit.

Et oui, avec le produit alcool, je ne me voyais pas, je ne voulais pas me voir et j'étais chimiquement bien dans ma bulle.

Là, sobre, on se rend compte de ce que l'on fait, de ce que l'on dit.

Je reconnais le trouble anxieux, je l'affronte parfois avec joie et parfois je vais fuir mes pensées.

C'est un défi, un entraînement.

Par contre, c'est l'occasion de se retrouver soi-même. Ecoutons bien ce que nous indique chacune de nos émotions. Ce sont simplement des indications de notre état. Les émotions aussi ne font que passer. A part si on les bloquent :)

Les émotions avec les colonnes de Beck

Il s'agit d'un outil de gestion des émotions qui m'aide bien. C'est un tableau à 5 colonnes

Pour commencer, ce tableau nous permet d'identifier les comportements et pensées inadaptés. Pour ensuite chercher, proposer des pensées alternatives pour un comportement adapté aux situations passées, présentes ou à venir.

Quand je me livre à une anticipation pessimiste d'une situation, j'ai tendance à éviter, à esquiver la situation. Malheureusement, l'émotion de peur reste dans ce cas. Alors je prends un papier et un stylo…

Par exemple, je suis invité à un dîner où je ne connais personne. A cause de mes pensées dysfonctionnelles et automatiques, j'ai une émotion de peur "je ne connais personne"…

Avec ces éléments, je peux remplir les trois premières colonnes de Beck :

Situation	Pensée	Émotion	Pensée alternative	Émotion
Je suis invitée à un dîner.	Je ne connais personne	Peur		

Pour la gestion des émotions je me pose trois questions :

1 - Quel est le problème, de quoi ai-je peur précisément?

2 - La peur est elle grave?

3 - D'après mon vécu, que s'est-il passé dans des situations similaires?

Dans mon exemple, j'ai peur de ne connaître personne, est-ce grave? Non.

En plus, me suis-je déjà fait des ennemis dans ce genre de situations? Non plus.

Quel est le risque? Aucun.

Après cette petite analyse, je choisis comme pensée alternative "je vais me faire des nouveaux amis" ce qui me suggère une émotion différente : la joie.

Situation	Pensée	Émotion	Pensée alternative	Émotion
Je suis invitée à un dîner.	Je ne connais personne	Peur	Je vais me faire de nouveaux amis	Joie

Avec cette technique de réévaluation des pensées, je peux ressentir des émotions plus agréables, ne plus rester bloqué dans le négatif.

Cet exercice répété souvent, habituera votre cerveau à la pensée alternative et adaptée aux situations en lien.

Retour à l'hôpital

Se mettre à l'écart de la société...

Pour entrevoir un sevrage et l'abstinence, je vous recommande un rendez-vous avec un médecin, psychiatre ou addictologue.

Déjà pour se sentir accompagné et soutenu de façon inconditionnelle.

Le médecin ne vous jugera pas.

Aussi pour préparer, si tel est votre souhait, les meilleures conditions pour vous éloigner de l'alcool.

Envisager une hospitalisation (hôpital, maison de repos, psychiatrie…) c'est se retirer des situations à risques, déléguer les obligations du quotidien à des professionnels.

C'est aussi reconnaître que l'on a besoin d'aide pour prendre soin de soi d'une certaine manière.

C'est passager, vous pouvez en avoir besoin jusqu'à améliorer votre relation à vous même.

Le quotidien en hospitalisation pour sevrage, c'est un cocon, de l'assistanat, de la thérapie, de l'hygiène de vie, des traitements médicamenteux, la vie en collectivité.

On peut être en chambre double ou seul selon notre assurance santé.

Des activités et groupes de paroles sont proposés et conseillés. Les arts plastiques en font souvent partie.

Selon la clinique, vous verrez un psychiatre souvent pour adapter votre traitement médicamenteux mais aussi faire une sorte de météo psychologique.

Pour une thérapie suivie, il vous faut rencontrer un psychologue. Cela vous aidera à vous comprendre, à démêler des choses et à trouver vos ressources, vos solutions.

J'arrive seul, je repars avec moi-même

C'est un peu ma quête lors de mes passages en cure.

Je ne devrais pas attendre que les autres me guérissent. Je peux me reposer, me retrouver après un sevrage douloureux. Mon but ultime en clinique c'est de me retrouver moi-même.

Même si ce sont bel et bien mes émotions que j'ai tenté de fuir au travers de l'alcool. La solution est dans le soin, la douceur, la tolérance que je m'accorde.

Le personnel soignant prendra soin de la qualité de mon séjour et de ma thérapie.

Il vous appartiendra d'être acteur de votre propre estime dans le temps.

C'est ça la thérapie.

Par ailleurs, le contact avec les autres patients peut faire du bien. A condition de ne pas se réfugier dans la relation à l'autre. On se fera des "vrais amis" ailleurs. Dans ce milieu, les interactions sociales sont censées être passagères. Pour votre bien.

N'oublions pas que chaque personne qui vient en clinique a besoin d'aide mais aussi de se retrouver. On n'y fréquentera des gens mal avec eux même dont ont fait passablement partie.

L'accepter c'est se préserver socialement, s'accorder de l'attention et pourquoi pas, partager sainement avec d'autres patients en demande.

Je dis tout ça mais j'ai aussi eu des relations de couple en hospitalisation. Je vais y revenir.

J'ai connu plusieurs types de sorties durant mes hospitalisations.

Parfois en allant mieux, parfois en retombant dans l'alcool.

Il m'est arrivé de me faire virer pour consommation d'alcool. C'est décevant mais en plus, on doit sortir très vite de ce cocon et ça fait bizarre.

Le retour organisé à domicile (ou dans la rue pour certains) peut provoquer de l'appréhension.

Retrouver le milieu dans lequel on a bu tant de temps, ça fait flipper.

Vous avez le potentiel et la possibilité de changer votre milieu et vos fréquentations.

Soit vous y voyez de la fatalité en restant dans un rôle de victime, soit vous y voyez des opportunités de changement. Ça ne se commande pas forcément. Si vous voyez de la fatalité, pas la peine d'y ajouter du jugement. Faites de votre mieux.

Peur : paralysie

Amour : ouverture

Mettons de la conscience sur ces deux états d'être :)

Groupes de paroles et associations

J'en suis où avec mes envies d'alcool à venir?

J'envisage de tenter de contrôler mes consommations ou bien de **viser le zéro alcool**?

Il faut souvent du temps pour intégrer l'idée, le concept d'une vie sans alcool.

Il faut parfois plusieurs séjours en hospitalisation pour s'accorder une vie heureuse.

Chaque groupe de parole est différent au travers de sa dynamique, ses membres anonymes, ses animateurs, ses thématiques, sa fréquence, son endroit.

Les plus connus sont les Alcooliques Anonymes. Si il vous faut d'autres références, je vous suggère de contacter par exemple, en France, l'Association Nationale de Prévention en Alcoologie et Addictologie (ANPAA).

Très à l'écoute, ils proposent partout sur le territoire un suivi psychologique, médicamenteux et social spécialisé dans l'addiction. Association d'intérêt public, les consultations sont gratuites.

Ils seront à même de vous orienter vers un ou plusieurs groupes de paroles de votre localité.

A défaut, chaque grand hôpital possède un service addictologie. A contacter sans modération pour toute information et aide.

Dans votre groupe de parole, vous ne dites que ce que vous souhaitez. Rien ne vous oblige à vous confier dès les premières séances. Mais, sous l'écoute bienveillante des autres membres, vous aurez aussi la liberté d'exprimer tout ce que vous avez vécu ou ressenti.

Fréquenter assidûment un groupe de parole aide à la compréhension mutuelle de l'addiction et pas seulement celle à l'alcool.

A la manière d'une psychothérapie, il n'est pas forcément évident de se livrer mais aussi d'entendre les autres membres se confier.

Selon moi, en termes de fréquence, chaque personne à des besoins et des limites différents.

Oui, cela peut être un exercice rébarbatif. Non, les groupes de paroles ne font pas toute l'abstinence. Mais ils sont une belle occasion de comprendre, d'être compris et surtout de sociabiliser.

Vous resterez maître de votre bien être.

Arrêter de boire au travers du couple

Qu'ils soient soft ou passionnés, oui je me suis réfugié en couple en clinique.

Ce ne fut pas la majorité du temps. Parfois ça m'a fait vraiment du bien pour la confiance en moi et l'attention mutuelle partagée. Parfois ça m'a envahit ou bien je me suis détourné de ma relation à moi-même.

C'est même de cette manière que je me suis embarqué dans un chouette couple durant deux ans. Il y a eu un effet motivant pour moi de conserver une vie sans alcool.

J'y trouvais davantage de bonheur et de détermination. Après des années de célibat dues à mon addiction, j'étais à fond. Plein de joie et de complicité à partager.

Mais lorsqu'il y a eu des difficultés dans ce couple et des risques de séparation, les risques de boire à nouveau se rapprochaient eux aussi très vite.

Même si je fréquentais un groupe de parole chaque semaine, que j'avais un boulot à temps partiel, je sortais avec une personne adorable mais instable car rencontrée en clinique psychiatrique.

Pour un addict à l'alcool et "une dépressive" dépendante affective, je trouve qu'on a eu notre lot de bonheurs.

Mais lors des complications ou de la rupture définitive, la qualité de mon estime personnelle, ma relation constructive à moi même n'était pas entière.

Je me suis réfugié dans l'alcool bien souvent après de belles périodes d'abstinence.

Une amie m'a donné un conseil : dans une relation, on n'est pas obligé de se donner à 100% si on donne le meilleur de soi-même. Il faut garder 50% pour soi.

Comme ça le jour où les chemins se séparent, on a de meilleures chances de se retrouver, de ne pas se sentir abandonné ou amputé.

Et si je buvais toute ma vie?

Imaginer la vie sans alcool peut paraître fade. On souffre de l'illusion que la vie est plus simple sous alcool…Avant de devenir misérable.

De plus, arrêter pour les autres ça ne tient pas. Je dois d'abord le faire dans mon intérêt. Et si j'avais décidé de me ficher de moi-même? Dans ce cas, c'est un manque d'estime de soi.

"Une personne qui a une bonne estime de soi se sent prête à affronter les obstacles que peut lui présenter la vie, elle a tendance à persévérer. Elle se sent capable de partager ses opinions et de prendre des décisions sans craindre continuellement le jugement des autres"

Savez-vous que l'on a tous des valeurs? Les valeurs ça se découvre et ça se renforce :)

Les valeurs sont ce dont nous sommes convaincus, ce qui est important pour nous. Elles nous aident à nous repérer, à faire des choix cruciaux. C'est pour ça que nos valeurs guident souvent nos actes et notre façon de faire. Ce sont les éléments les plus stables de notre personnalité. C'est ce qui nous donne l'énergie d'entreprendre, la base de la confiance en soi.

Voici les 10 valeurs fondamentales qui vous correspondent plus ou moins :

- **Autonomie** : indépendance de la pensée et de l'action, choisir, créer, explorer. Valeurs : créativité, liberté, indépendance, curiosité, choisir ses propres buts.

- **Stimulation** : enthousiasme, nouveauté et défis à relever dans la vie. Valeurs : vie audacieuse, variée et passionnante.
- **Hédonisme** : plaisir ou gratification sensuelle personnelle. Valeurs : plaisir, profiter de la vie.
- **Réussite** : succès personnel obtenu grâce à la manifestation de compétences socialement reconnues. Valeurs : ambition, orientation vers le succès, compétence, influence.
- **Pouvoir** : statut social prestigieux, contrôle des ressources et domination des personnes. Valeurs : autorité, leadership, dominance.
- **Sécurité** : sûreté, harmonie et stabilité de la société, des relations entre groupes et entre individus, et de soi-même. Valeurs : propreté, sécurité de la famille, sécurité nationale, stabilité de l'ordre social, réciprocité des faveurs, santé, sentiment d'appartenance.
- **Conformité** : modération des actions, des goûts, des préférences et des impulsions susceptibles de déstabiliser ou de blesser les autres, ou encore de transgresser les attentes ou les normes sociales. Valeurs : autodiscipline, obéissance.
- **Tradition** : respect, engagement et acceptation des coutumes et des idées soutenues par la culture ou la religion auxquelles on se rattache. Valeurs : humilité, dévotion, respect de la tradition, modération.
- **Bienveillance** : la préservation et l'amélioration du bien-être des personnes avec lesquelles on se trouve fréquemment en contact. Valeurs : serviabilité, honnêteté, pardon, loyauté, responsabilité, amitié.
- **Universalisme** : compréhension, estime, tolérance et protection du bien-être de tous et de la nature. Valeurs : ouverture d'esprit, sagesse, justice sociale, égalité, paix dans le monde, monde de beauté, unité avec la nature, protection de l'environnement, harmonie intérieure.

Identifiez les valeurs qui vous correspondent le plus, celles qui vous paraissent le plus importantes. Cela peut vous aider à vous reconnaître.

Nos proches, l'entourage

Beaucoup disent que je suis "une belle personne" mais quand je bois je deviens l'inverse.

Le bon gars devient un con, voire un connard. L'espoir devient du noir, la fierté de la pitié.

Le pire, c'est que le sujet alcoolisé ne s'en rend pas compte. Ce sont souvent ses proches qui lui feront remarquer.

Concernant ces comportement, je ne me vois vraiment pas être et faire. Mon cerveau recevant sa dose d'hormones du bonheur, je trouve les choses sympa donc je me crois sympa.

Je l'ai verbalisé au début, je bois pour être dans une réalité illusoire et ça marche. Oui, en vérité, l'alcoolisme présente certains avantages à court terme sinon, on ne boirait pas du tout.

Ce sont des avantages relatifs mais on y trouve notre satisfaction en ignorant les inconvénients.

Ces inconvénients sociaux vont incomber à nos amis, à la famille ou toute personne qui rentre en interaction avec le sujet sous alcool.

J'ai personnellement une grande soif d'autonomie et de créativité. Cependant, je confie cette responsabilité et cette expression à ceux qui m'entourent.

Plutôt que de faire une vieille liste des souffrances que je cause à ceux qui m'aiment, je me demande comment retrouver du bonheur, des outils et alléger la situation. Pour chacun.

Mais nous sommes humains. Nous aidons notre prochain quand nous le pouvons. Ne rejetez pas les mains tendues si elles sont justes et bienveillantes.

Pour vous sortir de cette drogue dure (oui), vous avez besoin de croire en vous mais aussi d'une certaine reconnaissance de ceux qui ont pu être déçus.

Si vous prenez soin de vous, même un peu, vous prenez indirectement soin de ceux que vous aimez.

Vous n'êtes pas coupable mais vous devenez responsable. Cette attitude c'est aussi reprendre du pouvoir personnel sans se blâmer.

Reconnaître mes besoins et envies

Je me suis privé de choses simples, d'un certain confort en privilégiant le raccourci de l'alcool.

A choisir cette facilité qui deviendra plus tard compliquée, je ne me suis pas offert le confort et la sécurité à laquelle j'aspire.

Qu'elle soit dans la découverte ou le fait de rester chez soi, on a besoin d'avoir une zone de confort.

Et bien à 36 ans, j'ai décidé de me l'accorder. Simplement grâce à un appartement, un véhicule et la proximité avec une amie, une confidente.

J'en ai marre de vivre chez les autres ou en hôpital.

J'appelle à de petits changements pour mon bien être. L'inconnu me fait peur mais moins que ma vie instable par procuration.

A cette amie, j'ai dit avoir peur de la solitude. Elle m'a démontré que déjà, je lui semble apprécier la solitude (parfois), le calme, que j'ai de la famille, une bonne amie à l'écoute et malgré une anxiété sociale à désamorcer, le contact social plutôt facile.

Avons-nous suffisamment perdu, souffert et fait souffrir pour faire des nouveaux choix?

Ou bien nous faut-il sacrifier encore davantage pour goûter à l'ivresse tous les jours?

Ça dépend pour qui et à quel moment de sa vie.

L'Argent

Un petit mot sur mes finances. Lors de mes périodes de consommation, je finis tous les mois avec le compte en banque à découvert. Lorsque je suis abstinent, j'ai souvent 300€ de plus durant le mois.

A titre d'information, je vous invite à quantifier vos consommations et à calculer vos frais mensuels. Ca ne vous fera pas arrêter mais rêver. En effet, lorsque vous n'achèterez plus ces quantités d'alcool, les finances iront mieux. Vous pourrez vous récompenser financièrement.

Pour ceux qui sont dans une grande précarité, plus besoin de faire la manche pour consommer. Seulement pour manger ou faire des sous. Même si, pour l'avoir fait, je vous souhaite de ne plus avoir besoin de faire la manche. Sinon, courage et respect.

Le roi de l'esquive

"Le courage ce n'est pas l'absence de peurs, c'est avancer même quand on a peur".

l'alcoolique est astucieux à sa manière, cachottier, stratège mais grossier :)

Là ou je parle d'esquive, je ne parle pas d'éviter de finir en dégrisement ou d'éviter de boire un verre avec les copains.

Vivre dans l'alcool c'est l'art de s'esquiver soi-même et d'esquiver la vie.

L'arrêt de l'alcool est une étape mais pas une finalité et heureusement.

Il restera des schémas à comprendre avec lucidité mais aussi avec l'aide d'un thérapeute.

Consommer est une conséquence d'un mal être et en plus, cela camoufle et aggrave ce mal être.

Le gros du boulot c'est de redevenir lucide, conscient, sensible et tolérant.

Accepter la vie comme elle se présente.

L'inverse, c'est une vie de peur et de mort vivant qui esquive toute véritable joie.

Dans les troubles à déceler, après des années d'alcoolisme, les troubles dépressifs se sont souvent installés.

Il vous attend un cadeau derrière chaque épreuve, chaque peur transcendée. Des pas vers l'inconnu c'est aussi découvrir de belles surprises.

Mais tout n'est pas beau et rose. Les événements tristes font partie de la vie.

Vais-je décider d'accueillir mes émotions ou bien de les noyer dans ce cas là?

Je suis persuadé que chacun fera toujours de son mieux avec ses capacités.

Après tant d'esquive par la bouteille, accordez-vous le temps de vous entraîner à relever les petits défis qui pour d'autre paraissent des broutilles. Vous n'êtes pas les autres. Vous êtes même incomparable.

Reste on sensible et alcoolique toute la vie?

On dira malade alcoolique toute la vie car le risque de consommer existera toujours.

Bon, on parle de risque du moment ou l'on s'engage soi-même sur la voie de l'abstinence.

Pourquoi zéro alcool? Pour ne pas faire dans la demi-mesure et ne pas garder un pied dans l'illusion et les problèmes inhérents à nos consommations.

Se débarrasser de ce problème en entier. En somme : se libérer pour de bon.

Et sensible, est-ce que ça me rend faible par rapport aux autres?

Ma sensibilité est mon organe sensoriel pour ressentir ce qui m'arrive, ce qui m'entoure et ce qui arrive aux autres. Une belle capacité pour comprendre les choses, faire preuve d'empathie. Les personnes alcooliques sont souvent des grands sensibles. **"Je suis sensible car humain."**

Les situations à risques

Lors de mon arrêt de l'alcool durant 9 mois, je me souvenais de la notion de "situations à risques". On l'avait abordé en groupe de parole. Souvent les exemples de déclencheurs alcool étaient plutôt banals : éviter les bars, faire attention à certaines fêtes ou célébrations, se voir proposer un verre...

Chacun à une expérience et un vécu unique. Pour ma part, j'ai découvert qu'avant, je buvais lors de chaque déplacements. Que ce soit en auto stop, à pied ou en train.

Aussi, lorsque je tendais le pouce pour faire du stop ou que je montais dans un train, j'avais de grosses envies de boire.

Ça m'a mis longtemps avant de dissocier, peu à peu, l'alcool de ce type de déplacements.

Autre déclencheur. Je buvais dans les périodes où je ne gardais pas ma fille. Je m'abstenais pour la garder lors des vacances scolaires. Je me permettais de reboire aussitôt mes droits de garde terminés.

Même abstinent, il m'arrive encore d'avoir des envies d'alcool après avoir vu mon enfant.

Il vaut mieux être conscient de ces rituels, ces automatismes, ces conditionnements qui restent dans le temps.

Pour les déclencheurs impromptus, il suffit de vous écouter, si vous voyez venir une quelconque situation ou l'alcool pourrait devenir une obsession, pour votre abstinence, c'est peut être le vrai bon moment d'être le roi de l'esquive.

Encore une astuce : on vous propose de l'alcool, pas besoin de vous justifier en tant qu'abstinent (et donc alcoolique), non, profitez en pour dire la fière vérité "je ne bois pas d'alcool".

Dès maintenant, avec ou sans alcool

En résumé, le malade alcoolique a besoin de s'accorder de la valeur.

Il a besoin d'accueillir à nouveau toute sorte d'émotions

Il a besoin de se comprendre et de s'accepter.

Avec ou sans alcool, je vous invite au développement personnel. A l'introspection, la simple conscience et l'honnêteté la plus rudimentaire.

Un livre comme "Imparfait, libre et heureux" de Christophe André peut vous y aider (estime de soi).

Une thérapie en compagnie d'un psychologue en addictologie sera en fait un raccourci vers votre bonheur.

Tous les efforts déployés à vous fuir et fuir la vie, peuvent être recyclés pour vous accueillir et vous accepter à nouveau. Là où vous en êtes.

Vous cherchez à sortir de la peur pour retrouver le sentiment d'amour.

Il existe une relation qui dure toute la vie, un être avec qui on est toujours en compagnie.

C'est nous même. Il est possible de cultiver une belle relation à soi.

Et puisque le monde extérieur est le reflet de notre monde intérieur ;)

Laisser aller le chao

"A force de vivre dans le néant et la destruction de soi, j'ai pu devenir réfractaire à la lumière"

Que se passe-t- il? Les plus belles opportunités viennent-elles m'effrayer?

"C'est trop beau pour moi", "Sa lumière est impressionnante, gênante à côté de ma part d'ombre"...

Ces phrases ne seront pas verbalisées mais après tant de chao vécu, il est possible que les personnes "lumineuses" nous gênent, nous éblouissent.

Ceci car je vis dans l'ombre de moi-même.

Nous ne sommes pas toujours prêts à rencontrer des hautes vibrations et des événements constructifs. Combien de fois j'ai repoussé la beauté de la vie pour rester dans ma "zone de confort", mon rôle de victime ou de coupable.

Je dis ça sans jugement, c'est un constat objectif.

A un niveau subtil, ce rejet et cette gêne montre que mon niveau de vibrations est plutôt bas.

Que faire de cette observation?

Mon complexe de lumière s'explique facilement : j'ai un potentiel à briller inexploité ou mal exploité. J'aimerais briller de l'intérieur mais je ne sais plus comment m'y prendre…

Semer une graine au soleil

Déjà, réchauffons nous au soleil avant de devenir un soleil. Ayons de la gratitude de croiser ses rayons bienfaisants au travers d'une situation ou d'une personne.

"Vous êtes dans la lumière et moi je reste à l'ombre"?

Ne serait-ce pas l'occasion rêvée pour observer comment la lumière agit et réagit?

Au contact de la beauté et de la simplicité, il y a source d'inspiration.

Si je suis attentif aux détails et à l'ensemble, une part de moi sera mieux informée de la marche à suivre pour laisser passer la lumière.

Tout ceci est bien abstrait.

Concrètement, pour réveiller votre lumière, voici un petit entrainement réalisable à tout moment. Il semble enfantin et c'est bien la simplicité qui nous intéresse car elle est pure.

"Merci à ce passant pour le sourire qu'il m'a fait"

"Merci à la mairie pour l'eau potable que je bois"

"Merci aux bénévoles pour la nourriture que je mange"

"Merci à la vie pour ce soleil aujourd'hui"

"Merci à mon frère pour ses paroles bienveillantes"

"Merci à ce chien d'être et de profiter tout simplement"

"Merci à la vie pour ces instants vécus"

…de la gratitude dans notre quotidien.

Simplement 3 phrases de gratitudes pour des choses habituelles ou surprenantes.

Formuler cette petite gratitude, c'est redevenir conscient des belles choses.

Nous avons tous une tendance à relever le négatif, à se laisser aller aux événements péjoratifs.

Si nous ne sommes réceptifs et attentifs qu'à l'ombre, on risque de vivre dans l'ombre.

A tout moment, il est de ta responsabilité de reconnaître les belles choses en toi et autour de toi. T'apercevoir de la belle synchronicité de la vie, la force de la nature, redevenir consciemment un être qui cultive la lumière.

Ou bien tu laisses aller ton attention à tout ce qui semble aller de travers.

Fais le test des deux attitudes, prête toi au jeu quelques instants et compare ton ressenti, ton moral aussi.

Cet entraînement de chaque instant à remarquer la lumière, le détail vivant pourrait entraîner ta bonne humeur et une forme de bonheur.

Celui de partout et tout le temps.

Ça dépendra toujours de ta façon de regarder ta vie et ce qui l'entoure.

Deviens une sorte de jardinier de lumière, avec ou sans alcool.

C'est ta responsabilité et du coup ton pouvoir personnel.

Conditionnement et rituels

Je suis fumeur, chaque matin, ma première action est de me rouler une ou deux clopes pour fumer avec une boisson chaude. Je le fais sans réfléchir à ma santé. J'y suis conditionné.

Dans mon café je mettais du sucre, avec la grosse quantité consommée, ça en faisant beaucoup à force. Pour corriger ma consommation de sucre, je l'ai peu à peu remplacé par du lait de riz qui adoucit mon café et lui donne un léger goût sucré. J'ai créé un rituel pour me déconditionner.

Souvent, j'ai mal au dos à cause d'une scoliose et du manque d'exercice. Dans les bonnes périodes, je me force à faire un quart d'heure de renforcement de la ceinture abdominale et quelques pompes. Un peu de gainage et lorsque le rituel prend place, mon dos me laisse tranquille. Je tente de ritualiser pour un conditionnement bénéfique.

Lorsque je consomme de l'alcool qui a pour effet de déshydrater le corps, j'ai toujours une bouteille d'eau. Au début, j'ai fait cet effort en "manuel" pour que peu à peu cela devienne un conditionnement automatique.

Quand on consomme beaucoup d'alcool, on en oublie parfois de se nourrir. Pareil, en "manuel" pour le moment, je fais l'effort d'avoir toujours des choses à manger. Pour mon équilibre ou pour anticiper une fringale.

Quand je rentrerai dans un endroit où je ne pourrais pas sortir ma bouteille d'alcool, je suis conditionné à me trouver un petit endroit pour boire avant.

Parfois, ce rituel me gonfle et je me désamorce en "manuel" en pénétrant directement dans l'endroit en question. Repoussant volontairement ma prochaine prise d'alcool.

Pour cultiver une certaine discipline, commençons par reconnaître nos fonctionnements (et pensées) automatiques pour les comparer à nos efforts volontaires.

Il paraît que pour transformer un rituel en conditionnement, il faut le répéter 21 jours d'affilés pour que notre cerveau l'intègre. Ensuite, cela devient naturel ou "automatique".

S'exercer à changer nos conditionnements ça commence par être attentif à nous même.

Observez-vous faire, sans jugement, juste de la curiosité.

On s'amuse à se connaître pour mieux s'ajuster si un conditionnement nous paraît contre productif à notre bien-être. Avec ou sans alcool.

Risquer de vivre

Si je suis à la rue ou isolé à consommer de l'alcool tous les jours, que ma vie ne me plaît pas, qu'est ce qui peut déclencher un élan pour aller mieux? Améliorer ma situation?

Cette envie de bien être me traverse mais je ne sais pas comment embrayer.

"Pour obtenir des résultats différents, il faut faire des choses différentes".

Si c'est la précarité qui me pèse et que depuis longtemps j'ai dans un coin de la tête qu'un assistant social pourrait m'aider, il est peut être temps de prendre rendez-vous.

Si j'ai faim, je peux me caler devant un magasin et demander aux clients un aliment précis.

Je peux me motiver à faire un tour dans une association caritative.

Hormis la précarité, si je n'aime pas mon emploi, je sais que depuis un moment j'aurais tout intérêt à postuler ailleurs. Un petit coup de pied au fesses et trois pas vers l'inconnu vont m'aider à découvrir d'autres possibilités.

"Même si je ne sais pas comment, j'ai un logement lumineux, pratique, spacieux et meublé pour maximum 500€ d'ici le mois de Mars dans le quartier…"

Ca, c'est le type de demande à la vie qui aide à la synchronicité. Précision, détermination et confiance dans la synchronicité naturelle. Un mélange entre prière et visualisation.

Mais j'en conviens, il peut me sembler plus sécuritaire de rester dans mes zones de confort.

Même quand c'est stérile, au moins je ne prend pas de risques.

Alors qu'est ce qui me fait peur?

Est-ce grave?

Par quelle pensée puis-je remplacer mon désarroi?

Aujourd'hui j'ai envie d'oser.

Faire un compliment pour ravir.

Donner un coup de main à l'impromptu.

Prendre le temps de discuter avec une personne inhabituelle.

Demander de l'aide précise.

Travailler mon ouverture intérieure et ensuite vers l'extérieur, c'est complémentaire.

Il est plus profitable de donner cette attention sans consommer d'alcool au fur et à mesure.

En somme, m'éveiller et activer le changement par des petites initiatives qui risquent de me rendre un peu plus vivant. Pas la peine de soulever des montagnes, un peu plus d'épanouissement chaque jour et dans 21 jours, ces petites attentions envers vous même deviendront une saine habitude.

Et de par mes petites tentatives, je gagne en capacité de transformation.

Fragile, anxieux, j'ai envie de boire

Après 10 jours de sevrage en campagne, je retourne vers mes obligations en ville.

Seule une série TV me distrait de mes pensées d'anxiété. Je vais tenter de reconnaître et de citer 3 sujets de gratitude pour stimuler le positif en moi...

"Merci à ma mère pour son accueil, son soutien inconditionnel"

"Merci à mon amie de m'accueillir en ville"

"Merci à la société nationale des chemins de fer de ne pas avoir mis de contrôleur dans mon train".

Si j'avais de l'argent, je risquerais de boire.

Je vais bétonner ma chance d'abstinence en faisant la balance décisionnelle.

Voici ce que je fais sobre et ce que j'envisage de faire :

-Conserver mon hébergement étudiant

-Demander une nouvelle formation

-Demander un crédit pour une voiture,un logement

-Refaire ma carte de transport

-Économiser mon argent

-Être fréquentable pour mon amie et les rendez-vous

-Sortir de la peur en faisant face.

Si je consomme, je ne tiendrai pas ces objectifs et je vais me saboter.

Certains de ces objectifs me rendent anxieux.

Il me restait tout de même 9€. Je suis entré dans un magasin pas cher pour acheter soit du café et du Coca-Cola soit de la bière.

Si j'avais acheté de l'alcool, il aurait fallu que je me cache auprès de mon amie,je l'aurais déçu et j'aurais déçu ma mère.

De plus, mon sevrage il y a 10 jours a été très désagréable, je n'ai pas envie de revivre ça.

J'ai réussi à esquiver, à l'idée de boire du coca et du café en fumant des clopes avec ma pote.

Un peu frustré car je n'ai plus d'argent pour de l'éventuel alcool mais assez fier car je vais pouvoir être moi-même.

Les proches ça compte pour éviter certaines ré-alcoolisations.

Situations incompatibles avec l'alcool

C'est une stratégie pour éviter de consumer. Que ce soit une formation, un travail, conduire une voiture, éviter un nouveau sevrage, honorer des rendez-vous, s'occuper des enfants.

Il y a plein de situations ou de compagnies qui vont nous interdire de boire.

Organiser notre temps pour le rendre incompatible avec les consommations d'alcool est judicieux.

Personnellement, j'y adjoint mes substituts : cigarettes, boissons chaudes, bon repas et séries télévisées dans les oreilles.

J'ai failli craquer plus haut car j'en avais un peu les moyens financiers et pas mal de responsabilités avec mon retour en ville.

C'est la peur de faire face qui a failli prendre le dessus. J'ai esquivé une ré-alcoolisation. Je me sens encore fragile par rapport à l'alcool mais j'ai davantage envie de relever quelques petits défis.

L'ennui chez moi est un facteur de rechute. C'est pourquoi je choisis de m'occuper comme bon me semble. Écrire en ce moment est un exutoire. Pour certains ça pourra être la pratique du sport sous toutes ses formes; la musique, l'art, la lecture, bavarder, se promener.

Mêler l'utile et l'agréable peut être une bonne esquive d'une envie d'alcool.Simplement cuisiner, faire le ménage, appeler un proche pour prendre des nouvelles…

Rappelez vous, les envies de boire sont nombreuses mais passagères.

Lorsque vous faites votre "balance décisionnelle", vous vous offrez le choix d'envisager de boire (c'est important de l'envisager) ou bien de trouver une porte de sortie.

Il s'agit, comme pour les pensées dysfonctionnelles, de créer des alternatives pour vous donner le choix.

Sobre, vous êtes plus proche de vos ressources pour affronter vos peurs.

D'ailleurs, ces peurs sont-elles réelles ou virtuelles?

Comparaison

Tant que l'on vit avec le filtre alcool au jour le jour, rien ne nous permet de comparer les avantages et inconvénients d'une vie sobre.

Vivre lucide et conscient avec soi et les autres. Voilà ce qui vous attend sans alcool. Non ce n'est pas toujours confortable. Oui vous devrez faire avec les handicap mentaux et psychos entrainés par des années d'illusion.

Vous pourrez traiter les situations et les pensées au cas par cas. Vous allez avoir beaucoup plus de choix à faire et de décisions à prendre. En bonne connaissance de cause.

La vie sous alcool vous connaissez. La vie surprenante et intéressante vous attend. Avec une bonne dose de bienveillance envers vous même, vous pouvez faire partie des vivants. Cesser de troubler et d'inquiéter vos proches.

Il vaut mieux être averti, entre ces deux façons de vivre il y a des avantages et des inconvénients. Comme avec l'alcool "heureux les simples d'esprit", excusez moi l'expression mais je m'inclue dans le lot.

Et comme sobre, vous avez un beau potentiel, il faudra considérer qu'au début, le simple arrêt de la boisson ne règlera pas tous les soucis. Vous risquez de vous retrouver avec des pensées dysfonctionnelles.

Je vous recommande de remettre en question votre mode de pensée.

"Cette pensée est-elle utile ou inutile" ou fais le tri.

Je vous recommande ensuite de transformer une pensée inutile en alternative, par exemple "J'ai raté ma vie à cause de l'alcool" la pensée ne m'aide pas, au contraire, je me victimise et je vois le verre vide. Peut se transformer en "Je suis vivant et conscient, mon potentiel devient illimité à tout moment".

Avec des pensées fatalistes, soyons radical : si je suis mort, là je suis impuissant.

Quant à la maladie et les atteintes. Certains liront ces lignes et seront peut-être atteints sur la santé physique. Nous ne sommes pas égaux. Mais dans une majorité des cas, vous avez encore l'opportunité de prêter attention à votre modèle de pensée.

Il s'agit de vous adapter de l'intérieur. Vous en aurez toujours la possibilité. S'adapter c'est la survie plus la capacité à trouver des solutions. On se rapproche du bonheur. Si dans mon décors de pensées je ne laisse apparaître que des problèmes apparents, par ingérence je me rapprocherais du malheur.

Voici une observation quant "aux problèmes". D'une manière ou d'une autre, reste-t-on dans une solution problématique? Non, que la solution soit de l'ignorer, la transformer, je fais un choix et j'applique la solution qui m'apparaît.

Devenons des chercheurs pour lesquels notre fort intérieur est à la fois notre laboratoire et notre refuge.

J'ai mis et je peux mettre tant d'énergie à fuir mon potentiel que même "handicapé mentalement par des pensées parfois polluantes", je peux décider de m'amuser : jouer, expérimenter des projets petits ou grands.

Si je suis en proie à de l'anxiété à l'idée de mettre le pied dehors, mon projet lorsque je le décide peut être d'aller acheter une baguette de pain.

Si ça fait des années que je me traîne dans un emploi qui me rend triste, mon projet peut être de chercher des offres d'emploi ou de formation, juste pour comparer.

Si je vois toujours la vie en noir, je peux décider de remettre en question "le programme de mes pensées". Décider d'être plus attentif à la direction de mon moral. Me révolter de m'apercevoir comment parfois ma pensée (et du coup mes actions) me dessert.

Par exemple : Je peux faire le choix de transformer un sentiment de culpabilité en un sens de la responsabilité. Avec humilité, je reconnais que je joue un rôle dans la situation mais que je ne suis pas le seul contributeur, le seul facteur.

Allégez la charge, redevenez plus lucide et conscient, soyez discipliné avec vos pensées et vous irez vers une meilleure qualité de votre existence.

Une version de vous apte à s'adapter, à transformer les événements intérieurs et ensuite extérieurs. Offrez vous une place de choix en vous même. Rien ni personne ne pourra vous le prendre jusqu'à la fin de vos jours.

Nous sommes à la fois des entités individuelles et à la fois nous faisons partie de la grande famille humaine…Constituée d'une multitude de "chercheurs de bonheurs". Nous pouvons être investi dans nos expériences personnelles et faire partie d'un tout illimité.

Que voulez-vous partager avec votre grande famille humaine?

Vous avez rechuté?

Vous avez consommé de nouveau? Si votre détermination c'est de vivre en majorité sans alcool, vous allez y parvenir. Le sevrage vous attend, dès la consommation, pensez à prévenir une personne de confiance, juste l'informer que lorsque sera venue le moment du sevrage, vous aurez besoin d'un endroit et d'une compagnie bienveillante durant une semaine.

Selon l'individu, on peut le faire à la maison ou à l'hôpital psychiatrique, maison de repos. Pour un sevrage sans risques (à part celui de ressentir le manque), prenez un rendez vous en urgence avec un médecin généraliste ou mieux, votre psychiatre.

Ceci pour demander une ordonnance de médicaments adaptés au sevrage puis à l'abstinence. Aménagez une porte de sortie pour ne pas rester dans l'illusion de vous-même et la crainte de votre potentiel.

Et pourquoi pas, profitez un peu d'avoir lâché les rênes sans vous prendre la tête. Veillez à limiter la casse sociale. Anticipez les problèmes et la précarité. Même sous alcool. Restez votre ami, je vous le conseille.

Dans cet état, acceptez le fait d'avoir une vision illusoire des événements. Il y a quelques avantages à court terme mais ça coûte cher sur le bonheur à long terme.

Ma vie sans le produit

Ce que j'aime au travers de mes consommations journalières d'alcool c'est de m'en foutre de tout.

Chez moi, ce n'est pas le goût mais bien les effets que mon corps réclame.

Psychologiquement, je suis addict à la désinhibition. Cette illusion de confiance en soi.

Quand je suis abstinent, je me retrouve au contact de ma sensibilité. Au début, c'est insoutenable car je suis un grand sensible qui a fonctionné avec la béquille alcool durant des années.

Il nous faut déjà différencier la période de sevrage physique du produit qui dure environ une semaine. Ce qui nous fera lutter toute notre vie peut être, c'est la dépendance psychologique.

Sans jugement je le dis : les émotions donc la vie sont "plus simple" sous alcool. Plus d'euphorie mais plus de délire non plus.

L'arrêt de l'alcool n'est pas une fin en soi mais une opportunité de se retrouver. Paradoxe puisque souvent, dans le produit on cherche à se fuir.

Une seule solution, la douceur envers soi-même. Laissez de côté le passé douloureux pour vous demander comment vous apporter du confort.

Quand je bois je me fiche de manger ou bien dormir. C'est le minimum syndical.

Sobre, j'ai envie de mieux manger et de dormir confortablement.

Sans le produit, je me sens davantage timide mais quoi qu'il se passe, je ne sent pas la vinasse.

Et ouais, on pense que sous alcool ça ne se voit pas trop mais les autres ne voient que ça.

En résumé, vivre sans alcool c'est se créer une chance infinie, une ouverture vers le vivant si on y va vraiment. Si au début on a besoin de rester à l'écart, c'est comme ça.

Retour à la vie et devenir votre meilleur ami.

Voici le bonheur et le défi après l'arrêt du psychotrope alcool.

La voie de la résilience

Dans la lutte contre l'alcoolisme, lorsque la rechute semble inévitable, une multitude de voies s'ouvrent pour ceux qui cherchent la lumière au-delà de l'obscurité. Les individus, armés de détermination et de courage, peuvent émerger de cette détresse, cherchant l'aide là où elle se trouve, explorant les sentiers de la guérison avec une vigueur renouvelée.

Ils puisent dans la force des liens humains. Dans les cercles de soutien, qu'ils soient familiaux, amicaux ou communautaires, ils trouvent une épaule sur laquelle se reposer, des oreilles attentives pour écouter leur lutte et des mains tendus pour les relever quand ils trébuchent. Ils embrassent l'amour inconditionnel offert par leurs proches, se laissant guider par la compassion et la compréhension.

Ils se tournent vers l'expertise médicale. À travers les médecins spécialisés, les thérapeutes et les centres de réadaptation, ils trouvent un refuge ou leurs batailles sont comprises et ou des solutions adaptées à leurs besoins sont offertes.

Ils acceptent l'aide professionnelle avec humilité, reconnaissant que la science et la médecine peuvent être des alliées puissantes dans leur lutte contre la dépendance.

On peut explorer les voix de la spiritualité et de la croissance personnelle. À travers la méditation, la prière, ou d'autres pratiques spirituelles, on trouve un espace intérieur ou calmer l'esprit et trouver la force intérieure pour résister aux tentations.

Par la croissance personnelle, on peut se lancer dans un voyage d'auto découverte qui nous aide à comprendre les racines de notre dépendance et à trouver les moyens de nous en libérer.

Tu peux t'engager dans des activités qui nourrissent l'âme. Choisis ton art, que ce soit la musique, le sport ou tout autre passion, trouve des avenues qui te permettent d'exprimer ton être véritable et de trouver du réconfort dans des moments de créativité et de joie. Tu pourras découvrir que la vie est riche en possibilités, même dans les moments les plus sombres.

Embrassons l'espoir et la persévérance. Malgré les rechutes et les défis, gardons en nous la flamme de l'espoir, sachant que chaque jour est une nouvelle opportunité de rétablissement. Dans notre propre résilience, on se relèvera chaque fois que l'on tombera, déterminés à ne jamais abandonner dans notre quête d'une vie sobre et épanouissante.

Ainsi dans votre voyage, même si vous avez rechuté dans votre combat contre l'alcoolisme, vous découvrez qu'il existe de nombreuses routes vers la guérison. Avec courage, détermination et l'aide de ceux qui vous entourent, vous avancez sur le chemin de la rédemption, conscients que chaque pas vous rapproche un peu plus de la lumière au bout du tunnel.

A partir de maintenant, avec ou sans alcool, vous pouvez choisir la conscience, le souci du détail qui fera plus de bonheur dans votre vie. Attention vous allez vous sentir drôlement vivant.

En votre "laboratoire intérieur" expérimentez tout ce qui peut transformer les obstacles en opportunités heureuses.

Et quand les émotions viennent, agréables ou pas, sachez qu'elles ne font que passer et vous indiquer votre état émotionnel. Laissez les passer.

Remettre à plus tard ou commencer par le début

Pour entamer une période d'abstinence, on attend souvent d'être confronté à trop d'obstacles tels que :

-La précarité

-Une crise social avec notre entourage

-Plus d'argent pour consommer

-Risque de perte de privilèges

-Besoin de récupérer ce que l'on a perdu

…

En tout cas, lorsque le moment est venu, commencez un pas après l'autre.

Une première journée sans alcool vaut mieux que rien. Profitez dès lors de l'expérience. Comme je l'ai écrit plus haut : envisagez l'abstinence à la carte.

Si garder un peu d'alcool à portée de la main vous rassure, faites le. Si ça vous déstabilise au bout de quelque temps, débarrassez vous en.

Si vous avez besoin d'être le plus tranquille possible, aménagez l'espace et le temps. Ceux qui auraient besoin peuvent demander un arrêt de travail même lors d'une formation.

Lorsqu'on est habitué à procrastiner, à remettre les choses à plus tard, on aura tendance à être davantage anxieux et stressé dans notre vie.

Entamer même 5 minutes l'action que vous repousser depuis longtemps aura deux effets :

-Lorsqu'on se lance il y a un effet stimulant

-Une fois accomplie, votre tâche ne vous prendra plus d'énergie mentale, fini l'anxiété sur le sujet en question.

Il est dit "On ne repousse pas les tâches parce qu'elles sont difficiles, elles paraissent difficiles parce qu'on les repousse".

La voie de la perfection ou du pardon?

J'étais très amoureux et je me donnais à 100%, j'apprends à présent que j'aurais dû garder 50% de mon amour pour moi-même.

Lors de la première année j'ai été mis à nu concernant les conséquences de ma vie d'alcoolique. Elle savait tout sur moi. A peine sortit de l'hôpital, je me suis trouvé un emploi, j'allais en groupe de parole chaque semaine et je faisais du renforcement musculaire chaque jour.

Par contre j'étais mal dans ma peau sans alcool. Il me fallait un long temps de thérapie, de tolérance personnelle et de compréhension pour m'accepter là où j'en étais.

Là ou j'étais encore dans l'erreur, c'est que j'étais d'abord abstinent pour pouvoir être en couple. Donc les jours ou la relation se trouvait dans le doute, les pensées d'alcool pouvaient devenir fortes.

Plus tard dans notre histoire, ma dépendance et mes mensonges auront fini de pourrir cette relation amoureuse. Mais je veux vous parler de ce qui m'est arrivé, m'a brisé et ce pourquoi je me suis mis en position de victime.

Ma compagne a vécu de longues années avec son mari et ses enfants avant de me connaître. Ils étaient bien séparés et découvraient la vie dans des foyers séparés avec garde alternée des enfants.

Pourtant, au bout de presque un an, ma compagne est complètement dans le doute et l'instabilité aura fini par retourner tester la vie avec cet homme durant un temps. Je l'ai très mal vécu.

Par la suite nous avons décidé de nous remettre ensemble, pour ça, il m'aurait fallu passer à autre chose et ne pas rester dans la rancœur. Je n'en été pas là vous imaginez bien : (

Le désir d'être avec cette femme était plus fort que de me sentir bien avec moi-même.

Dans cette histoire, j'ai fait le choix de revenir en couple au lieu de couper court et de laisser passer du temps. J'ai redonné une chance à cette relation en me traînant énormément de rancœur. J'avais peur de me retrouver seul face à moi même.

Mais que ce soit pendant la suite de la relation ou à présent, après la rupture, je me traîne un nœud, un poids énorme : je ne parviens pas à la pardonner.

Du coup je suis doublement perdant : **j'ai souffert et j'ai conservé cette souffrance dans mon cœur.**

Je ne peux pas changer les autres ni le passé. Une partie de moi aurait préféré la perfection : soit pardonner directement, "preuve de maturité et de confiance personnelle" soit rompre au moment des faits.

J'ai tenté autre chose, j'ai tenté le compromis et je me juge pour ça.

Je n'ai pas réagi "comme il aurait fallu" selon mon concept de la voie de la perfection. On dit bien "personne n'est parfait" mais aux moindres ratés, nous sommes un juge sans pitié pour nous-même et pour les autres.

Autre debriefing possible : je ne suis pas d'accord d'avoir été jeté comme une crotte à cette période mais je me comprends à présent : j'aimais cette femme et je nétais pas encore capable d'être seul avec moi-même. J'avais peur.

Quant à elle, je ne cautionne pas du tout ses choix mais je comprends qu'elle était perdue et craignais de perdre la sécurité de sa vie familiale.

A l'issue de son expérience, après sa comparaison entre deux amants, elle m'a choisi. J'en suis encore flatté.

A présent, il est temps pour moi de lâcher prise sur ces événements et d'arrêter d'être en colère, de ressasser.

Aussi car je tire une belle leçon : **j'ai besoin de devenir fidèle à moi-même. L'estime que je me porte est inébranlable, celle que me porte les autres est accessoire.**

Et vous, portez vous une double peine d'événements passés?

Pire, ressentez- vous de la culpabilité de boire ou des conséquences de votre addiction?

Culpabiliser, vous en vouloir à vous-même c'est comme conserver de la rancœur à votre égard.

Avancer sans se pardonner c'est lourd et ça créer des nœuds émotionnels.

C'est pourquoi je vous recommande une analyse de votre cœur.

De quel poids émotionnel pourriez vous vous libérer?

Que vous soyez responsable ou plutôt victime, c'est à nouveau une bonne dose d'empathie qui vous aidera à vous alléger pour bien vivre le moment présent et aller gaiement vers l'avant.

Ce travail de nettoyage par le pardon est nécessaire pour poursuivre votre chemin sans rancœur qui pèse lourd. Ni envers vous-même, ni envers les autres.

L'alcoolique devient écrivain

Avoir une addiction est un fléau qui nous gâche la vie. enfin, si on fait une synthèse objective. Je peux me mettre dans une position de victime ou bien de décideur.

Je n'aime pas dire "à cause de l'alcool", pour moi, cela revient à se dédouaner de ma responsabilité à être en bonne santé. On l'a vu au début, l'alcool déclenche la dopamine qui sert dans le processus de récompense, de l'apprentissage et de la survie.

Si mon cerveau assimile le produit alcool à ma capacité de survie, je comprend mieux pourquoi je peux en devenir esclave.

Comprendre ce processus est un outil précieux pour viser l'abstinence.

Et je peux désormais être tolérant si jamais je "rechute", la simulation hormonale, ce que stimule l'alcool, fait croire à mon cerveau que j'en ai besoin pour vivre.

L'illusion est donc très forte.

Heureusement, rien que la pratique d'une demi-heure de sport trois fois par semaine fera sécréter des "hormones du bonheur" à notre cerveau.

Quand je vivrai mieux avec mon addiction, est-ce que toutes ces années à consommer sont bonnes pour la poubelle?

Toute expérience est propice à mieux se connaître, à tirer des leçons, à mieux connaître les autres et le monde.

Par exemple, j'avais déjà écrit un livre pour aider le public à atteindre l'abstinence. J'écris à nouveau et je compte bien mettre à disposition mes expériences, réflexions et outils au service d'autres âmes en détresse.

Donc, en accomplissant ce projet je donne même du sens, de la valeur à mon calvaire passé et présent.

Je transforme cette expérience péjorative en contenu constructif.

Tel est le pouvoir de chacun : transmuter nos expériences.

Le courage d'être imparfait

"Accepter d'être vulnérable c'est accepter d'être authentique"

Si je porte un masque pour paraître autre que je suis, je me rejette.

Je peux oser m'exprimer tel que je suis avec mes doutes et mes certitudes.

Si je fais le fort alors que j'ai peur, j'aurais de plus en plus peur.

Même en ressentant de la peur, je peux l'admettre et je peux agir avec, c'est du courage.

Si je fais semblant d'aller bien alors que je cache de la souffrance, la souffrance va rester et grandir.

"Ne pas savoir m'arrêter de boire me fait du tort et me complique la vie, voilà où j'en suis, j'avais juste besoin de l'exprimer".

Soit je fais des efforts pour paraître, soit je me contente d'être.

La morale, la conduite à tenir, le regard des autres sont des représentations externes qui ne sont pas réalistes.

Laissez vous être sensible, amusé, déçu, en joie, déprimé, enthousiaste…

Accueillez parfois la tristesse, la lassitude mais garder la vraie température de ce que vous êtes et de ce que vous ressentez.

Pas la peine d'essayer d'être quelqu'un d'autre. Les proches peuvent aimer cette façade mais vous ne vous aimerez pas sincèrement comme vous êtes.

Alors chantez, criez, ralez, faites des erreurs et recommencez en tirant des leçons. Ne tentez plus d'atteindre la perfection, elle n'existe pas.

Vous êtes unique, laissez le paraître :)

Choisir son mode de pensée

"Se montrer attentif à la couleur de nos pensées permet de bannir le négatif"

Est-il normal d'accepter les messages négatifs que portent certaines de nos pensées? Puis-je remanier ces convictions qui sont acceptées par habitude?

Et en plus, cette opinion qui me traverse est-elle la mienne?

Nous sommes influencés par les personnes importantes pour nous.

Par exemple, j'ai tendance à mettre un ami sur un piédestal et lorsque je juge mes actions, j'imagine ce que lui ferait, dirait. A ce moment ces pensées sont corrompues et je ne fais que des suppositions.

Pensée dysfonctionnelle. Je ne laisse pas passer cette fois !

Je t'attrape "pensée dénigrante" et je te bannis de mon système.

A la place, je vais me demander comment moi j'ai envie d'agir? Qu'est-ce qui me semble juste?

Pleins d'idées nocives circulent dans notre tête et nous polluent.

On va y mettre un filtre :

-Cette pensée est-elle la mienne ou bien un préconçu?

-M'apporte elle un message négatif ou positif?

et on fait le tri.

On ne laisse plus l'influence extérieur et l'anxiété ambiante prendre le dessus.

Choisissez méticuleusement la couleur de votre moral, une pensée après l'autre.

L'exercice paye en sérénité.

Posséder ou expérimenter

Pourquoi vouloir ce que l'on a pas?

Regardons déjà ce que l'on a actuellement.

Qu'il s'agisse d'un repas, de présence, de soleil, d'un toit sur la tête...

Ensuite regardons ce qu'il nous est possible de vivre, d'expérimenter, c'est infini.

Au regard de l'addiction, certains ont perdu plus que d'autres mais il vous restera toujours votre liberté de penser.

La société de consommation nous pousse à croire qu'il faut toujours avoir plus.

Plus de beauté, plus de nourriture, plus de belles voitures, une meilleure banque... Et sur internet, que des façades, qui montre sa tête au réveil? Pas les influenceurs.

Il y a aussi les sites de rencontre qui sous-entendent qu'il nous faudrait être en couple.

Si tu ne trouves pas ton bonheur en toi-même, tu ne le trouveras pas en dehors.

En deux mots : "Plutôt être ou avoir"?

On ne dit pas "avoir" le bonheur.

Si tout à l'heure vous pouvez expérimenter une rencontre plaisante, partager avec vos enfants, vous occuper de votre chien, vous n'obtiendrez rien de palpable mais vous serez un peu plus heureux.

Quand au couple, on ne possède jamais personne, on a l'habitude de dire "jai une femme, j'ai un mari", tu ne possèdes pas cette personne, tu es en couple d'un commun accord.

Le couple ne fait pas tout, il sublime. C' est la cerise sur le gâteau. "Le gâteau" c'est votre épanouissement personnel.

Choisir l'illusion ou la réalité

J'ai longtemps préféré voir la vie avec des lunettes roses.

Je commence à peine à comprendre la puissance de la lucidité, d'accepter ce qui est. Je cesse de vouloir changer le passé ou contrôler l'avenir. C'est nier la réalité.

Il y a des choses que l'on peut changer et d'autres non.

Évitons de vivre dans le déni de la réalité. La souffrance fait partie de la vie et nous emmène à apprécier les bonnes choses.

Pour apprécier le chaud, il faut avoir l'expérience du froid.

Pour réaliser de grandes choses, il faut commencer par des petites choses, dans le détail et avec soin.

Et rappelez-vous "l'inquiétude ne protège pas des chagrins à venir, elle ne fait qu'éclipser la joie du moment présent".

Sans la douleur pas de bien être, sans les ténèbres, la lumière n'aurait aucune utilité. Sans défi, la vie serait fade.

Les personnes réalistes ne sont ni pessimistes ni optimistes. Elles se donnent la peine de voir les choses comme elles sont et elles les acceptent.

Le réaliste à une bonne capacité d'adaptation à la vie.

Celui qui adhère à la vie illusoire va vers le désespoir, la méprise, la difficulté à survivre.

Quand un tremblement de terre se produit, une personne sobre et lucide réagira mieux qu'une personne alcoolisée et aveugle.

Rejetez la poudre aux yeux et les faux semblants.

Acceptez votre part d'ombre et votre part de lumière.

Reconnaissez qu'il vous est arrivé d'être dans la destruction.

Tentez de vivre dans le réel pour atteindre aussi, les joies réelles.

Améliorez votre capacité d'adaptation aux faits qui vous entourent.

Si possible, sans alcool.

L'entourage du malade alcoolique -

Méthode douce

Nous nous sommes bien intéressés à notre monde intérieur et aux intéractions avec le monde extérieur. Il est temps d'œuvrer à la compréhension mutuelle de l'entourage du sujet malade alcoolique.

Enfants, conjoints, parents, frères et sœurs, amis, collègues…

Dans le cas d'intentions bienveillantes de la part de l'entourage. Il y a de l'empathie à votre cause, de l'espoir et les meilleures intentions. Ce qui n'empêche pas le dénuement et le sentiment d'impuissance de vos proches.

Dans le cas de jugements de la part de l'entourage, le sujet en est la proie à cause de l'incompréhension. Et la règle de "je suis strict avec moi-même donc strict avec les autres" prévaut souvent.

Comprenons ce que l'entourage rejette à ce moment-là : vos choix.

C'est aussi votre "manque de volonté" apparent qui va les toucher

D'un autre côté, voyons ça sous l'angle du malade :

Les choix ne sont pas faits en toute conscience, l'interprétation du sujet est erronée et surtout, il agit en allant à l'essentiel : l'alcool est un raccourci pour obtenir la dose de dopamine, être chimiquement récompensé et avoir l'illusion d'agir pour la survie.

Et la volonté? La question est simple, le sujet discerne il autre chose que son raccourci chimique ou bien en fait est-ce un processus qui le domine?

Solution : les pensées alternatives pour l'entourage comme pour le sujet.

Comme préconise l'un des accords toltèques : "je ne ferais pas de suppositions".

Au lieu de supposer un faits et de se tourmenter, on peut poser des questions directement si cela est possible. Et, le plus important, on ne s'arrête pas à faire une seule supposition mais au moins deux différentes.

Exemple :

-"Il se laisse aller à détruire sa vie dans l'alcool" première supposition, si je m'arrête à cette interprétation, je l'accepte comme une vérité. On pousse un peu plus loin…

-"Il ne parvient pas à se passer d'alcool même si ça détruit sa vie" deuxième supposition qui d'ailleurs est un peu plus objective

De cette supposition, l'entourage comprend au lieu de juger. Il vient donc une question : "Comment puis-je l'aider"?

Le sujet à t'il réalisé qu'il vit dans un schéma illusoire et destructeur?

A t-il demandé de l'aide ou s'est-il plaint de sa qualité de vie?

Mais aussi un fait "Même si ce processus le dépasse, les conséquences sont très lourdes pour moi, je veux plus y être exposé"

Le sujet est-il conscient d'être addict à l'alcool?

Est-il conscient des conséquences que ça entraîne sur son entourage?

Vous pouvez déjà témoigner en parlant de vous :

Ensuite, avec son accord, je vous incite à déléguer, demander de l'aide auprès d'un service ou d'un organisme en addictologie. Il existe des associations et des services addictologie dans les grands hôpitaux.

Si le sujet est dans un déni costaud, témoignez ce que vous vivez, consultez un psychologue pour vous et même, participez à un groupe de parole si possible.

Vous vous sentirez entouré et compris. En plus de soutien, le sujet addict n'aura d'autre choix que de voir l'évidence : vous n'allez pas à la piscine, vous consultez pour avoir du soutien de vivre en co-dépendance avec un ou une malade alcoolique. Ceci peut le contraindre à se regarder lui-même.

Vous êtes soutenu, entendu et à même d'accompagner votre proche dépendant à une réunion ou devant un médecin dès qu'il montrera signe de résilience.

Délimitez vos positions : ce que vous acceptez par exemple "selon moi tu est dépendant et je sais que c'est plus fort que toi" et ce que vous n'acceptez pas "je refuse de vivre avec quelqu'un qui est dominé par l'alcool et qui n'est pas lui même, ça me fais souffrir".

En tout cas, si c'est devenu votre cas, ne jouez pas au flic, ne versez pas les bouteilles dans l'évier, il ne faut pas qu'il se cache, ce serait vainc.

Ultimatum ou soutien de loin
Méthode conservatrice

Votre proche dépendant refuse la réalité et vous souffrez socialement de son alcoolisme ou même physiquement? C'est très anxiogène de vivre avec un malade alcoolique. Prévenez le "Je vais prendre de la distance avec cette situation pour me protéger, me préserver, je dois faire ce choix pour mon bien être".

Que vous preniez de la distance sous le même toit ou bien en allant ailleurs, le malade devra un minimum se remettre en question. Pendant ce temps vous vous accordez de l'importance. Si possible, évitez le mépris envers le sujet, il vaut mieux éviter chez lui des sentiments comme le rejet ou l'abandon. Il boirait davantage. Restez ouvert à la conversation selon vos termes définis, un cadre de respect. Sinon, laissez lui sa responsabilité de vivre dans l'illusion.

Si les réactions du sujet vous font peur, c'est une autre histoire, vous allez peut-être être contraint à fuir. Si possible, une fois en sécurité, écrivez une lettre expliquant vos raisons à votre proche. Il n'aura d'autre choix que d'y croire un minimum, il ne vous aura plus, il ne lui restera que vos mots. Il devra écouter.

Arrêter de boire, se soigner pour les autres

En tant que malade alcoolique, on songera à se soigner et être abstinent que lorsque l'on est sur le point de perdre des relations ou des choses auxquelles on tient.

<u>A ce moment-là, on a des chances de prendre les bonnes décisions mais pour les mauvaises raisons.</u>

"Même nos enfants ne nous appartiennent pas à proprement parler, ils sont censés s'appartenir à eux-même, appartenir à la vie, au divin".

Si vous tentez d'arrêter de boire pour ne pas perdre quelqu'un ou quelque chose, vous placez vos enjeux à l'extérieur de vous-même.

De plus, il vaut mieux miser sur la confiance plutôt que la peur.

Je vais vous faire une confession : je fais souvent les choses par rapport au regard des autres. Dans l'attente d'une approbation, d'une acceptation. J'ai envie d'être accepté pour survivre, j'ai peur du rejet et de la mort.

C'est un fait, j'associe mes relations sociales à ma survie.

Les relations sociales, même passionnées, sont des chemins qui se rapprochent et s'éloignent le long de la vie, c'est inéluctable. Qui va rester avec vous? Vous !

Pour être déterminé (différent de la volonté qui demande des efforts) à vivre sans alcool, il faut déjà se rendre compte de l'estime de soi pourrie que l'on a.

Il faut le voir, l'accepter pour décider de changer ce regard que l'on porte sur soi.

Cette approche est une base solide de remise en question et ensuite d'affirmation pour aller vers une plus belle relation à soi.

Oui, vous devez vous vouloir du bien sinon ça ne marchera pas.

Vous avez peur de perdre l'amour? Si vous cultivez l'amour en vous, cela ne peut pas arriver !

Vous pourriez en venir à apprécier votre propre compagnie et ne plus craindre "la solitude".

Ça vaut le coup d'investir en soi. Et c'est par cette voie détournée que l'on agit sur l'extérieur, les envies des autres.

L'enfant et l'alcoolique

Sujet délicat je le sais. Aussi, ne prenez pas mes propos comme une morale, remettez les en question et faites vous votre idée.

Est-ce que j'aime mon enfant comme il est ou bien ai-je peur de perdre son amour à lui aussi?

Que puis-je faire pour ne pas lui gâcher la vie au travers de l'addiction?

Personnellement, j'ai souvent eu peur de "perdre mes droits de garde" et l'amour de mon enfant. Je ne perdrai jamais son amour mais sa confiance, je l'ai perdue, retrouvée, travaillée, perdue.

Nos enfants ont besoin de sécurité et de libre arbitre, les deux. C'est à eux de choisir s' il vous feront confiance. C'est à vous de vous aimer pour être digne de leur confiance.

On se pose, on va à l'intérieur de notre coeur pour chercher à évaluer : Est-ce que je vais tenter l'abstinence pour un autre, pour une chose ou bien est-ce que j'attend d'être près à le faire juste pour moi, d'abord pour moi?

Menez l'investigation et vous verrez que souvent, nous allons d'abord réagir par peur de perdre des éléments extérieurs. Motivation bancale.

Oui, il faudra prendre soin des relations sociales qui le méritent mais après vous être réconcilier avec l'enfant en vous, l'adulte en vous, la peur de souffrir pour embrasser la perspective de vous faire confiance bientôt.

Là vous deviendrez digne de la confiance de vos enfants, naturellement.

Quant au discours à tenir, c'est secondaire car les actions en disent long.

Néanmoins, selon l'âge et la disponibilité de l'enfant, il viendra un moment où vous pourrez lui expliquer comment vous vivez l'addiction. Ce n'est pas un tabou, il suffit d'être honnête et lucide.

Dire "J'ai perdu la liberté de boire un coup et d'arrêter" ce n'est pas de la faiblesse, c'est de la conscience. Dire "Je demande de l'aide au médecin pour vivre sans alcool" c'est du courage. Dire "Quand je bois j'ai l'impression d'être heureux" c'est une vérité.

Et dire "Tout l'amour que j'ai pour toi n'y fera rien, c'est de mon amour dont j'ai besoin" c'est une révélation.

Relevez le défi de devenir votre ami, pas celui des autres, ça viendra après ça.

Des "rechutes" il y en aura

Une bonne balance décisionnelle, une bonne lucidité ça aide pour laisser passer une grosse envie de boire.

Mais soyons réaliste : les risques de reprendre de l'alcool vont avec l'abstinence.

Je parle bien d'un raccourci illusoire vers la sensation de bonheur. Le cerveau le réclame ardemment car il assimile l'alcool à la récompense.

Je suis persuadé que vous allez vous entraîner à éviter beaucoup de consommations et vous offrir, d'abord pour vous, une belle vie sobre.

Si vous craquez et que vous buvez de nouveau, avant d'être euphorique, je vous recommande :

-de vous établir des règles de conduites raisonnables

-d'imaginer qu'elle sera votre porte de sortie une fois la crise passée.

Si vous souhaitez culpabiliser, libre à vous mais cela entravera votre moral, c'est tout. Pas besoin non plus d'être sur la défensive avec vos proches. Vous pouvez les prévenir avec un message le plus humble et droit possible.

Il y a quand même un problème dans le processus que je décris : si je me laisse le choix de l'ivresse, de l'euphorie, mon cerveau va assimiler ces éventuelles rechutes à de la libération. Il risque d'y en avoir souvent !

Je n'ai pas encore de solution à ce problème, j'y travaille.

Vous avez décidé d'être majoritairement ou totalement abstinent? Et bien vous le serez. Ce qui vous attend après l'alcool, c'est un sevrage et la reprise de votre introspection pour une bonne relation à vous même.

Même si vous consommez, ne vous permettez pas de vous juger ou de cracher dans la soupe de la vie. Restez objectif et même un brin optimiste.

Et si possible, tout en profitant des effets, n'oubliez pas qu'il ne sont qu'une illusion chimique dans votre cerveau. Le sport, le sexe, les joies véritables déclenchent elles aussi la sécrétion des hormones du bonheur.

Un bon repas aussi je pense.

la thérapie hypnotique

Introspection + expression avec un thérapeute c'est constructif, on travaille le mental et les émotions en conscience.

Certaines choses émanent de l'inconscient. C'est pourquoi il est complémentaire d'envisager la suggestion hypnotique. Se voir suggérer des messages bienveillants.

Sachez qu'un hypnothérapeute ne peut pas insuffler à votre inconscient des idées sans votre accord profond, donc pas de manipulation possible.

Les séances vous relaxent profondément et c'est dans une transe hypnotique (le mental à l'arrêt) que vous serez bien réceptif pour programmer votre inconscient aux meilleures idées, suggestions.

La thérapie est douce, agréable. Contrairement à l'introspection, elle ne demande aucun effort conscient.

En France une séance coûte environ 60€. Peu à peu, certaines mutuelles commencent à rembourser une petite partie de ces "thérapies alternatives".

Sachant qu'avec l'hypnose on peut s'attaquer à des problématiques nombreuses : addictions, sommeil, troubles alimentaires, poids, estime de soi…

Médicaments qui aident à l'abstinence :

l'Espéral, le baclofène, le Selincro, l'Aotal ou le Révia.

Vous aurez compris que mon approche pour être abstinent c'est de faire la paix avec soi-même. Ces dernières années vous avez peut-être entendu parlé de deux médicaments censés aider à l'abstinence.

Le médicament "Espéral" - Description du Vidal

Ce médicament diminue la dépendance à l'alcool. Il provoque des troubles pénibles lors de la prise d'alcool (effet antabuse) : bouffées de chaleur, nausées, vomissements, accélération du rythme cardiaque, sensation de malaise. L'association alcool-troubles pénibles entraîne un dégoût de l'alcool chez le grand buveur, qui est ainsi amené à modifier son comportement.

Il est utilisé dans l'aide à la désintoxication alcoolique.

Contre-indications du médicament Espéral :

-Insuffisance hépatique ou insuffisance respiratoire grave,

-Insuffisance rénale,

-Diabète,

-Epilepsie,

-Certains troubles mentaux

-Maladie cardiovasculaire,

-Prise de boissons alcoolisées depuis moins de 24 heures.

C'est probablement le médicament le plus radical à mon sens.

l'Espéral est parfaitement incompatible avec la prise d'alcool. Cependant, il ne règle pas le fond du problème, les raisons mentales et psychologiques de boire.

Selon moi c'est un garde-fou physique qui peut aider à l'abstinence mais coûter cher à la santé.

Si il y a consommation d'alcool associée à ce médicament, plus que des contraintes physiques pénibles votre vie peut être menacée.

Il y en a à prendre et à laisser pour l'Espéral.

Si vous souhaitez en savoir plus, consultez un médecin addictologue ou bien un psychiatre.

Le médicament baclofène "Zentiva" - Définition Vidal

Le baclofène est un "myorelaxant", il s'agit d'un médicament ayant pour effet de décontracter les muscles.

1 - Le baclofène est indiqué comme traitement des contractures spastiques

-de la sclérose en plaques

-des affections médullaires (d'étiologie infectieuse, dégénérative, traumatique, néoplasique).

-d'origine cérébrale.

2 - Le baclofène est indiqué pour réduire la consommation d'alcool, après échec des autres traitements médicamenteux disponibles, chez les patients adultes ayant une dépendance à l'alcool et une consommation d'alcool à risque élevé.

Voici les propos d'un journaliste d'INA : " *le baclofène agirait sur la dopamine, la molécule du plaisir. Quand l'alcoolique boit, elle s'active et quand elle s'active, l'alcoolique se sent bien. Le baclofène freinerait la sécrétion de la dopamine. L'alcoolique ne trouverait plus de goût à l'alcool…*"

Selon ces déclarations, moi qui prends des petites doses de Baclofène depuis 3 ans, je me dis ceci : je ne devrais prendre le Baclofène que si je consomme de l'alcool. Si il freine la dopamine que je secrète au naturel, abstinent, c'est contre productif !

D'autres médicaments comme certains antidépresseurs comme le **"Prozac"** capture et redistribue la dopamine dans le cerveau.

Il existe aussi le **"Selincro"**, ce médicament est un antagoniste des opiacés : il se fixe sur certains récepteurs du cerveau qui sont stimulés par les opiacés et qui jouent un rôle dans les mécanismes de dépendance. En modulant l'action des récepteurs, il aide à réduire l'envie impérieuse de boire chez les personnes qui consomment beaucoup d'alcool.

Personnellement, je pense faire remplacer le Baclofène qui m'est prescrit par le Selincro, je vais en parler avec mon psychiatre.

le **"Révia"** ce médicament est un antagoniste opiacé : il bloque temporairement les centres du cerveau qui sont stimulés par les substances opiacées. Or, il semble que chez l'alcoolique, les effets euphorisants de l'alcool soient en partie liés à la stimulation des récepteurs aux opiacés. Néanmoins, le mécanisme d'action de ce médicament chez l'alcoolique n'est pas totalement élucidé.

Il est utilisé dans le cadre de la désintoxication alcoolique, après la période de sevrage, pour faciliter la prévention des rechutes.

"l'Aotal" ce médicament diminue la dépendance à l'alcool en réduisant les symptômes de manque chez les grands buveurs.

Il est utilisé pour aider à maintenir l'abstinence pendant la cure de désintoxication alcoolique.

Le **"Seresta"** Ce médicament est un anxiolytique (tranquillisant) de la famille des benzodiazépines.

Il est utilisé dans le traitement de l'anxiété lorsque celle-ci s'accompagne de troubles gênants (anxiété généralisée, crise d'angoisse...) et dans le cadre d'un sevrage alcoolique.

Il est crucial de connaître vos médicaments et comment ils agissent sur vous.

Des vitamines et minéraux pour vos neurones

"La prise régulière d'alcool aboutit à des carences vitaminiques notamment en vitamines B1 et PP (B3), B6, B12. Ces vitamines du groupe B sont indispensables aux neurones et au métabolisme des glucides.

Elles interviennent sur la respiration cellulaire et leur carence provoque une dégénérescence et une destruction définitive des neurones, aboutissant à une diminution des capacités intellectuelles de l'individu, pouvant aller jusqu'à la démence. En France, les démences liées à l'alcool sont la troisième cause des hospitalisations pour démence.

Magnésium et alcool : La consommation importante d'alcool entraîne des pertes urinaires de magnésium qui se couple généralement à une insuffisance d'apport alimentaire (Durlach 1988). Une complémentation en magnésium est importante chez les personnes qui surconsomme ou ont surconsommé de l'alcool.

Le magnésium intervient de manière prépondérante dans notre organisme et permet de réduire la fatigue, participe au métabolisme énergétique, à l'équilibre électrolytique, contribue au fonctionnement normal du système nerveux…

Source : https://www.lereca.com/blog/alcool-et-carences-frequentes-en-vitamines-b-et-magnesium-

Durant un sevrage à l'hôpital, il y a des chances que l'on vous prescrive des vitamines qui protégeront vos neurones des dommages créés par les consommations d'alcool.

Mais par la suite, je vous encourage à regarder les boîtes de complexes de vitamines et minéraux en pharmacie ou grande surface. Parce que c'est bon aussi pour les repentis, leur vigueur et leur moral.

Tout sera bon pour votre bien être.

Le gainage anti stress simple

Voici quelques exemple de positions de gainage :

Les bienfaits du gainage :

-Délocalise la graisse abdominale = ventre plat

-Améliore la posture, le maintien

-Améliore l'équilibre

-Améliore la tonicité

Et surtout…

-Evacue le stress : Toute activité physique, dont le gainage, permet d'évacuer le stress. Tout d'abord car cela change les idées, ensuite parce qu'en faisant du gainage on s'occupe de soi et on pense un peu à nous, enfin car faire du sport augmente la sécrétion d'endorphine hormone du plaisir et anti-stress.

Nul besoin d'en faire beaucoup, seulement quelques petites minutes feront du bien à votre corps et votre esprit. La régularité est la clé pour une bonne santé.

21 jours de ce rituel et il sera ancré pour de bon :)

Tout le monde peut s'y convertir, il n'y a rien de très physique.

Votre liste de souhaits à la vie

"L'imaginaire est l'outil de création le plus puissant pour l'humain"

Certains prient, d'autre visualisent.

Faire un voeu à haute voix c'est :

-Clarifier nos souhaits

-Se projeter, s'imaginer le voeu déjà accompli

Que l'on veuille s'adresser à une divinité ou simplement visualiser le changement, exprimer à la vie des souhaits très précis stimulent ce changement.

Voici des exemple selon mes pratiques :

Mes demandes commencent toujours par "univers infini, mes guides…"

-"J'ai une nouvelle voiture pratique et pas chère d'ici 2 mois"

-"Je reçois de l'aide pour maintenir mon abstinence en toute sérénité"

-"Même si je ne sais pas comment, je retrouve une bonne forme physique dès aujourd'hui".

Oui, on dirait une commande au père Noël un peu irréaliste.

Mais penser et dire quelque chose c'est un bon début pour se convaincre qu'il peut devenir réalité.

On s'approche du pouvoir de la visualisation. La capacité à s'imaginer déjà en possession ou dans l'état souhaité.

Ensuite, après avoir exprimé vos souhaits avec enthousiasme,

N'y pensez plus, laissez la synchronicité de la vie opérer.

Bien sûr, une cohérence avec vos actes stimulera vos demandes.

C'est une pratique alternative qui renforce la foi en tout ce qui est constructif.

Retour à une belle vie sociale

J'ai souvent écrit que la priorité c'était votre relation à vous même.

Cependant, nous avons besoin et envie de belles relations sociales.

Surtout lorsqu'on s'est retrouvé isolé dans l'addiction.

Après des années d'ivresse, ça va nous faire du bien d'être sobre, cotoyable et aimable.

Notre famille, notre conjoint, nos amis, nos collègues et nos futures rencontres se feront une joie de vous découvrir fidèle à vous même.

Même s' il faudra peut accepter quelques troubles anxieux qui étaient avant résolus par l'alcool. L'authenticité vous attend.

N'oubliez pas : on ne vise pas à devenir parfait. Acceptez vos points faibles et parlez-en. Vous avez aussi des points forts.

Les gens préfèrent une personne qui accepte de se tromper que quelqu'un qui ne fait que paraître.

Même si au début vous ne vous sentez pas bien dans vos baskets, soyez patient, vous avez fonctionné avec un raccourci chimique des années.

Prenez le temps. Il faut se réhabiliter à la vie sans alcool pour un alcoolique.

Si vous voulez avancer, consultez un thérapeute dans une association d'addictologie, c'est gratuit et spécialisé. Un cocon sécure pour exprimer vos ressentis vous y attend.

Chaque interaction ne pourra être que de meilleure qualité que lorsque vous étiez ivre.

Et apprenez à vous accorder des moments cocoon juste avec vous même.

Vous allez apprécier cette belle vie sociale.

Si vous jouissez d'une meilleure relation à vous même et que vous êtes apte à renouer avec ceux qui ont souffert, c'est que du bonheur :)

Alors, avec ou sans alcool?

Avec l'alcool, je suis l'ombre de moi-même doublée d'un connard.

Je ne me vois pas être et faire et c'est le but.

Je parle mal à mes proches sans m'en rendre compte.

Je pense que je suis sympa et drôle. Pathétique surtout.

Au niveau consommation il m'en faut beaucoup sous la main et beaucoup pour chaque lendemain. Mes émotions sont artificielles.

Souvent je me retrouve seul pour boire pour n'embêter personne.

Du coup je téléphone à mes proches à n'importe quelle heure et en état d'ivresse. Je fais n'importe quoi pendant longtemps.

Je suis capable d'errer dans les rues et d'y dormir en toute saison.

Si je n'ai plus d'argent je suis capable de demander la pièce.

Même sous alcool, j'ai peur du manque d'alcool.

Il m'est arrivé d'avoir des relations intimes que je n'aurais jamais eues sobre.

Je ne me respecte plus assez.

Les gens m'évitent.

Peu à peu je m'affaiblis et je n'en prendrai la mesure que lorsque je n'aurai plus d'alcool. Le manque physique peut être terrible.

Aucune stabilité émotionnelle. Bref, que du bonheur.

Mais passablement, sous les effets de la boisson, je me crois heureux.

Sans alcool, je me fais face, je me retrouve, ce n'est pas toujours agréable, ça demande de l'entraînement.

Au début je ne suis pas vaillant mais peu à peu mon sommeil est de qualité.

Je retrouve une meilleure hygiène de vie.

Le manque est fini et les difficultés du sevrage me blinde contre une éventuelle consommation. Je marche droit et je cesse de me préoccuper de l'approvisionnement en alcool.

Je peux contacter ceux que j'aime sans être ivre.

Je peux songer à m'occuper de mon enfants ou des enfants des autres.

Je peux plaire et draguer avec de la crédibilité.

Je prends des rendez-vous pour ma santé et le boulot et je les honore.

Je me projette dans les projets de mon choix.

Je peux conduire ma voiture

En fait, j'ai rejoint le monde des vivants avec toute la palette d'émotions naturelles, les défis et les saines récompenses.

Je redeviens stable.

Je me fais davantage confiance.

Je ne sent plus l'odeur de l'alcool.

Mon logement est plus propre.

Je ne vis plus la précarité et la misère sociale.

Donc si possible, je préfère ma vie loin de ce fléau. Et vous?

Prêt à vous revenir?

Mon parcours, mon vécu ne sont pas les vôtres.

Avant d'arrêter l'alcool vous avez intérêt à vous choisir, à le faire pour votre bien être. Ne décidez pas d'arrêter pour les autres, ce n'est pas viable à long terme.

Soyez lucide : voulez-vous arrêter de boire?

Vous accordez vous assez d'importance pour le faire?

Il se peut que les réponses soient non.

Dorénavant soyez attentif à vos pensées, filtrez le nocif, le toxique. Ne vous empoisonnez plus de culpabilité ou de jugement. Ça ne vous aide pas.

Preter attention au regard des autres c'est une torture, on ne fais que mal interpréster et faire de vaines suppositions.

Faites plutôt attention à votre regard. Cultivez la douceur à l'intérieur, ça rejaillira à l'extérieur.

N'ayez plus peur de votre sensibilité cher humain. Sortez de la peur qui paralyse et osez vivre au moins un peu mieux.

Tentez l'abstinence à votre manière, faites-vous accompagner pour régler les problèmes, les schémas émotionnels répétitifs.

Avec ou sans alcool, travaillez à être de bonne compagnie pour vous même

Je suis de tout cœur avec vous.

Nicolas Francon

Printed in France by Amazon
Brétigny-sur-Orge, FR